HISTORIA DE LA LEGISLATURA MUNICIPAL DE COAMO

2ª edición corregida y aumentada

LUIS CALDERA ORTIZ

LEGISLATURA MUNICIPAL
MUNICIPIO AUTÓNOMO DE COAMO

HISTORIA DE LA LEGISLATURA MUNICIPAL DE COAMO

2ª edición corregida y aumentada

LUIS CALDERA ORTIZ

LEGISLATURA MUNICIPAL
MUNICIPIO AUTÓNOMO DE COAMO

Historia de la Legislatura Municipal de Coamo
2ª edición corregida y aumentada

Primera edición: 2015
Segunda edición corregida y aumentada: Junio 2023

Legislatura Municipal de Coamo
Municipio Autónomo de Coamo

Editorial Akelarre
Lajas, Puerto Rico
editorialakelarre.blogspot.com
editorialakelarre@gmail.com

ESTADO LIBRE ASOCIADO DE PUERTO RICO

LEGISLATURA MUNICIPAL DEL MUNICIPIO AUTÓNOMO DE COAMO

SELLO OFICIAL DE LA LEGISLATURA MUNICIPAL.

Este logo fue desarrollado bajo la presidencia de la Honorable Damaris L. Figueroa Santiago. El sello está representado por un círculo que integra las palabras: "Estado Libre Asociado de Puerto Rico, Legislatura Municipal del Municipio Autónomo de Coamo" y en el centro se expone la Bandera y Escudo de Coamo. La resolución de aprobación fue firmada oficialmente el día 8 de junio del 2009, se le conoce como la Resolución Interna Número 1, Serie 2008-2009. Antes de eso, el logo utilizado era el mismo de la alcaldía.

Mensaje de la presidenta de la
Legislatura Municipal

Hon. Damaris L. Figueroa Santiago

Nuestro pueblo ha pasado por cambios desde su fundación en el año 1579 hasta el día de hoy. Hemos evolucionado como pueblo y como gente. Nuestras calles están más remozadas que hace cuatrocientos años y nuestra gente se ha ido fortaleciendo con los nuevos retos que enfrentan cada día.

La historia que envuelve a nuestra ciudad es una enriquecedora que al leerla nos retornan a través del tiempo y de las generaciones que han vivido en ellas. Coamo, siempre ha sido un pueblo de mucha historia, historia que ha sido plasmada en los libros y en nuestros corazones.

Al igual que nuestras calles, nuestra gente y nuestro pueblo, la Legislatura Municipal han evolucionado teniendo un papel importante en Coamo desde los comienzos de su fundación. Por tal razón, nos dimos a la tarea de hacer por primera vez una investigación de cuáles y de cómo fueron los comienzos de lo que hoy todos conocemos como la Legislatura Municipal de Coamo. Aquí encontrarás como se designaba el personal, las funciones y los miembros de la legislatura según el paso de los gobiernos en estos cuatro siglos. Este cuerpo ha evolucionado desde los cabildos, la junta, Consejo Municipal, Asamblea Municipal y actualmente Legisladores Municipales. En el transcurso del tiempo nos han cambiado el nombre, pero los poderes, tareas y funciones siguen siendo similares a través de los años. Como dato interesante el puesto de alcalde sufrió cambios significativos, como por ejemplo, se eligía y hasta donde llegaban sus poderes, es tanto así que para el año 1919 hubo una ley que eliminó el puesto de alcalde, aunque el mismo fue devuelto tres años más tarde. Comparado con este dato, al día de hoy, la legislatura tuvo muchos cambios en la forma en que se trabaja, en el nombre, entre otros, pero no de responsabilidades.

Esta edición será para nuestra gente una remembranza del pasado entrelazado con el futuro.

Coamo, ha sido un pueblo bendecido. Un pueblo que ha conquistado al mundo con su historia, cultura, paisajes y gente humilde, generosa y apasionada con el deporte y las artes. Somos un pueblo que se siente orgulloso de ser llamado la Villa de San Blas de Illescas, la Villa Añeja, la ciudad de las Aguas Termales, el Centro del Universo y los maratonistas.

Celebremos con júbilo haber nacido en esta hermosa tierra.

CONTENIDO

GRUPO DE EXLEGISLADORES, EXASAMBLEISTAS E INCUMBENTES ACTUALES EN LA PRESENTACIÓN DE LA PRIMERA EDICIÓN DEL LIBRO HISTORIA DE LA LEGISLATURA MUNICIPAL DE COAMO REALIZADO EN NOVIEMBRE DEL 2015 EN EL HOTEL BAÑOS DE COAMO. EN EL CENTRO, EL EX ASAMBLEISTA JOSE M. ESPADA (QPD). FOTO SUMINISTRADA POR LA LEGISLATURA MUNICIPAL

LA LEGISLATURA MUNICIPAL RECONOCE AL EQUIPO DE ATLETISMO DE LA ESCUELA SUPERIOR RAMÓN JOSÉ DÁVILA, CAMPEONES DE LA EDICIÓN NÚMERO 63 DE LOS POLY RELAYS DE LA UNIVERSIDAD INTERAMERICANA DE PR EN SAN GERMÁN. 3 DE MAYO DEL 2017

LA LEGISLATURA MUNICIPAL RINDE HOMENAJE A FERNANDO SERRANO, MEDALLISTA DE ORO EN ATLETISMO DE LA CUARTA JORNADA DE LOS JUEGOS MUNDIALES DE VERANO DE OLIMPIADAS ESPECIALES EN ABU DABI, 8 DE ABRIL DEL 2019

RECONOCIMIENTO A ATLETAS DESTACADOS EN LAS DISTINTAS DISCIPLINAS DEL DEPORTE POR PARTE DE LEGISLATURA MUNICIPAL DE COAMO, 2 DE AGOSTO DEL 2017

LA LEGISLATURA MUNICIPAL RINDE HOMENAJE A LA JOVEN KEISY ANN NICOLE RIVERA CASIANO – MEDALLISTA DE PLATA - JUNTO AL EQUIPO DE PUERTO RICO EN EL TORNEO GUAYAQUIL JUNIOR TENNIS CLASSIC EN ECUADOR, 8 DE AGOSTO DEL 2019

INTRODUCCIÓN

Uno de los aspectos de la microhistoria, campo muy de boga en nuestro tiempo, es el estudio del desarrollo político y administrativo de un municipio, y aunque este es enmarcado generalmente dentro de la figura que ocupa el cargo ejecutivo, existen elementos que no deben ser obviados, tales como las asambleas o juntas municipales y como siguen evolucionado con el pasar del tiempo.

Es por eso por lo que surge la segunda versión de la *Historia de la Legislatura Municipal de Coamo*, obra que se enfoca en ofrecer una historia relacionada con la evolución y funcionamiento del cuerpo municipal legislativo a lo largo de su existencia. Esta iniciativa es motivada bajo la gestión de la presidenta de la Legislatura Municipal coameña, Damaris L. Figueroa Santiago; para que así este actualizada a nuestros tiempos más reciente.

Los objetivos de este trabajo están enfocados en presentar y explicar el surgimiento de la Legislatura Municipal y su desarrollo a través del tiempo hasta hoy día. También se busca dar una idea de quiénes fueron los miembros, especialmente, los que han formado parte de ella en los últimos cien años. Además, se busca ofrecer una idea al lector sobre los proyectos más relevantes presentados y aprobados a lo largo de las últimas décadas. En relación con esto último, se puede indicar, que hablar de la historia del desarrollo urbano y de los barrios, también es hablar de la historia de la Legislatura Municipal, lugar donde se planifica y se establece la política pública del desarrollo de nuestro pueblo.

Las fuentes utilizadas para este estudio investigativo son mayormente procedentes del Archivo de la Legislatura Municipal y el Archivo General de Puerto Rico. No obstante, debemos mencionar que se analizaron fuentes y documentos custodiados en el Archivo Histórico Nacional de Madrid y en el Archivo General de Indias en Sevilla. También se utilizaron algunas obras secundarias o de libros impresos, para uso complementario para el desarrollo del tema.

Hacemos hincapié en que la documentación primaria revisada nos ofreció datos históricos desconocidos u olvidados en la historiografía coameña. Esto último, nos lleva, contundentemente, a afirmar que la obra será una de carácter innovador y un magnífico aporte para la propia historia del Municipio de Coamo.

Es importante agradecer a la presidenta de la Legislatura Municipal, la Honorable Damaris L. Figueroa Santiago, por peticionar nuestros servicios y por su preocupación genuina por la búsqueda de desarrollar un proyecto dirigido al conocimiento histórico de nuestro municipio. A su vez, agradezco a la secretaria de la Legislatura Municipal, Sra. Emerilda Torres Torres, y a la Auxiliar de Servicios de Oficina, Sra. Miriam I. Rojas Sánchez, por siempre estar dispuestas a brindarme las ayudas necesarias para la realización de esta segunda edición. Por último y no menos importante, agradecer a nuestro alcalde Juan Carlos García Padilla por fomentar nuestra historia. Esperamos que el amigo lector disfrute de esta segunda versión ampliada y modificada de la *Historia de la Legislatura Municipal de Coamo.*

ESTUDIANTES DE LAS ESCUELAS FLORENCIO SANTIAGO,
ROMÁN COLÓN CORREA, HW SANTAELLA Y SABINO RIVERA,
PARTICIPANDO DE LA ACTIVIDAD "SÍMBOLOS DE MI
PUEBLO" PRESENTADA POR LA LEGISLATURA MUNICIPAL.
16 DE NOVIEMBRE DEL 2018

QUINTA JURAMENTACIÓN DEL ALCALDE DE COAMO,
HON. JUAN CARLOS GARCÍA PADILLA
CON LOS MIEMBROS DE LA LEGISLATURA MUNICIPAL.
FOTO SUMINISTRADA POR LA LEGISLATURA MUNICIPAL
(ENERO, 2017)

SEGUNDA MESA DE TRABAJO, INTEGRACIÓN DE IDEAS DEL NUEVO PLAN DE RECUPERACIÓN Y RESILIENCIA MUNICIPAL BAJO LOS FONDOS CDBG DR- MRP. PARTICIPARON UN GRUPO DE JÓVENES Y LEGISLADORES MUNICIPALES QUE REPRESENTAN OTROS SECTORES Y COMUNIDADES DE LA CIUDAD, 7 DE SEPTIEMBRE DEL 2022

LA LEGISLATURA MUNICIPAL RECONOCE A LOS ATLETAS Y DEPORTISTAS QUE SE HAN DESTACADO ESTABLECIENDO MARCAS, GANANDO CAMPEONATOS MUNDIALES, INTERNACIONALES Y NACIONALES EN SUS RESPECTIVAS DISCIPLINAS DEPORTIVAS, 14 DE JULIO DEL 2022

EVOLUCIÓN DEL SISTEMA
MUNICIPAL EN EL PUEBLO DE COAMO

Precedentes

Para poder entender la importancia de la Asamblea Municipal debemos conocer su evolución dentro del sistema municipal. Es por ello por lo que en los siguientes párrafos estaremos presentando una síntesis histórica del desarrollo del Municipio de Coamo y de su Asamblea Legislativa. Nuestro objetivo es mostrar una idea de la evolución de la composición administrativa local a lo largo de su historia. De esta manera comprenderemos la importancia del cuerpo municipal a lo largo de los siglos pasados.

La primera administración municipal en la isla de Puerto Rico fue establecida cuando se crearon los cabildos de la villa de Caparra y San Germán a principios de la década del 1510. A partir del año 1513, la isla de Puerto Rico fue dividida en dos partes. Las líneas divisorias, fueron el rio Camuy, al norte, y el rio Jacaguas, al sur. Vale la pena mencionar, que la parte oeste de ambos ríos pertenecía a la administración municipal de la Villa de San Germán; mientras que la parte este, era administrada por la Ciudad de San Juan.[1]

Este patrón de colindancias jurisdiccionales se mantuvo en Puerto Rico inalteradamente hasta el siglo XIX. La institución del cabildo en nuestra Isla, fue una copia del viejo municipio castellano de la Edad Media.[2] Este antiguo sistema

[1] Aida Caro, *Legislación Municipal Puertorriqueña del siglo XVIII*. San Juan, Instituto de Cultura Puertorriqueña, 1971, pág. 68.
[2] Elsa Gelpi, *Siglo en Blanco*. Rio Piedras, Editorial de la Universidad de Puerto Rico, 2007, pág. 167.

de ayuntamiento era compuesto por varios miembros, entre estos: dos Alcaldes Ordinarios que se encargaban del aspecto judicial, el Alcalde de la Santa Hermandad que se encargaba de vigilar los lugares alejados de la jurisdicción del cabildo, varios Regidores que se encomendaban a establecer las normas, había una persona con título de *Fiel Ejecutor* que se encargaba de regular el mercado, el Alguacil Mayor que velaba por el orden público y el escribano que se encargaban de registrar las reuniones en las actas.[3] Al principio de la colonización el Rey de España daba los nombramientos pero con el pasar de las décadas, la entidad funcionó con su propio efecto sin intervención del monarca.

Con el pasar de los siglos, aumentó la composición interna del cabildo.[4] Estos miembros se elegían anualmente, mediante el voto de los propios concejales del ayuntamiento. Los componentes eran personas de la alta sociedad local de su región. La juramentación del cargo se hacía cada primero de enero. Para identificarlos se otorgaba a cada miembro una vara que los distinguía por sí mismo.

Las funciones primordiales del antiguo ayuntamiento municipal de los dos principales asentamientos urbanos eran; mantener el orden, establecer ordenanzas locales, repartir tierras en su jurisdicción, organizar el comercio, regular los precios de los productos e imponer multas cuando no se respetaban las reglas impuestas por el cuerpo municipal.[5] También se encargaban de organizar las festividades de los

---

[3] Ibíd., pág. 169-170.
[4] Aida Caro, *El Cabildo o Régimen Municipal Puertorriqueño en el siglo XVII: Orden y Funcionamiento.* Tomo I. San Juan, Instituto de Cultura Puertorriqueña, 1965. En esta obra se detallan las posiciones del cabildo.
[5] Ibíd., pág. 167-168.

santos patronos en su localidad[6] y representaban al pueblo en aspectos cotidianos.[7]

En Puerto Rico solo existieron dos cuerpos municipales a lo largo de tres siglos y no fue hasta el principio del siglo XIX, que otros pueblos empezaron a tener el mismo sistema. A largo plazo el sistema municipal establecido en la Ciudad de San Juan y la Villa de San Germán, se convirtió en modelo base a seguir para los demás pueblos en Puerto Rico.

Evolución administrativa

En relación con el pueblo de Coamo, su procedencia antigua como pueblo oficial, es datada desde finales del siglo XVI. En los inicios como poblado oficial, la administración de la zona geográfica de nuestro valle era encargada a un funcionario del cabildo de la Ciudad de San Juan llamado alcalde Pedáneo. La función de esta persona, a finales del mencionado siglo, era supervisar la seguridad geográfica y evitar el contrabando en las costas cercana al pueblo de Coamo.[8] Su nombramiento era hecho por el gobernador de turno. Esa posición era otorgada por recomendación a sujetos con conocimiento de seguridad y que fuese procedente de una familia reconocida del pueblo. Ese cargo estuvo vigente hasta mediados del siglo XVII.[9]

---

[6] Luis Caldera Ortiz, *Una Mirada a la Historia del Tabaco en Puerto Rico: Desde el periodo indígena hasta el siglo XVIII*. Lajas, Centro de Estudios e Investigaciones del Sur Oeste de Puerto Rico, Editorial Aquelarre, 2015, pág. 37.

[7] Ángel López Cantos, *Los Puertorriqueños: mentalidad y actitudes siglo XVIII*. San Juan, Ediciones Puerto, 2001, pág. 123-138.

[8] Luis Caldera Ortiz, *Nuevos Hallazgos sobre el origen de Coamo*. Lajas, Editorial Aquelarre, 2017, pág. 47.

[9] Luis Caldera Ortiz y Municipio Autónomo de Coamo, *Coamo, Historia de sus barrios: Pueblo*. Lajas, editorial Aquelarre, 2022, pág. 7.

Por un tiempo limitado (década del 1610) hubo un funcionario llamado Alcalde Mayor[10], este último era un puesto encargado de la seguridad interna en la Isla.[11] A partir de la década del 1650, aparece el título de Teniente Capitán a Guerra para la persona encargada de la milicia local. El mismo era nombrado por el gobernador de turno. Además, tenía una responsabilidad de supervisar otros puestos de su organigrama, que eran: sargento mayor, capitán de compañía, alférez y los soldados.

El puesto de teniente era uno de mar y costa, eso significaba que su principal función era supervisar las áreas costaneras.[12] Todo esto hace pensar que la administración política y administrativa de la zona se enmarcaba en la figura de este señor y sus lugartenientes. Sus funciones, ligadas al orden militar, eran las de mantener la seguridad y el control de la zona. Tampoco se debe olvidar que esta persona era el representante del gobernador en la región.

Esta situación de política administrativa se mantuvo inalterada a lo largo del siglo XVIII, ejemplo de esto último se encuentra en los reportes dados por el mariscal Alejandro O'Rally[13] y por nuestro primer historiador, Fray Abbad y

---

[10] Archivo General de Indias, Santo Domingo, 170. *Petición de los vecinos del valle de Coamo solicitando que se ponga cura y sacristán con el pago de la Reales Cajas.* La persona que tenía ese puesto era un tal Juan López de Aliseda.

[11] Archivo General de Indias, Santo Domingo, 869, Folio 31-33. Carta del Rey a la Audiencia de Santo Domingo, 14 de mayo del 1618. En la Isla de Puerto Rico ese puesto se había autorizado para 1613; sobre esto último véase Archivo General de Indias, Santo Domingo, 165. Petición del capitán Francisco de Negrete.

[12] Archivo General de Indias, Santo Domingo, 163, R.3. N.30. Carta del gobernador de Puerto Rico al Rey, 26 de marzo del 1699.

[13] Alejandro Tapia y Rivera, *Biblioteca Histórica de Puerto Rico.* San Juan, Instituto de Cultura Puertorriqueña, 1970, pág. 624-662.

Lasierra.[14] La única diferencia que encontramos es que el título de Teniente Capitán a Guerra se sustituyó por el del Teniente a Guerra, esto a mediados de ese siglo. El Teniente a Guerra se encargaba de la notaría y de hacer cumplir las leyes en su zona geográfica.

Se debe indicar que para el año 1778, la Corona española, emitió una orden que establecía que el pueblo de Coamo fuese una villa en igual de términos a la de San Germán.[15] La falta de un grupo de personas para conformar un cabildo propiamente constituido, fue una de las grandes razones, para que este cuerpo viniese a establecerse formalmente en la primera década del siglo XIX.[16] Todo esto hace deducir que la administración de nuestro pueblo tuvo un largo proceso evolutivo.

Para mediados del año 1812, el gobierno constitucional de la monarquía española ordenó que celebraran elecciones en los ayuntamientos en la Isla. Esto consistía en que todos los pueblos iban a tener un gobierno municipal electo por los vecinos oficiales, es decir todo varón mayor de 25 años y propietario.[17] Desde ese momento, el puesto de Teniente a Guerra fue sustituido por el de un Alcalde Civil u Ordinario.

Como dato interesante para la historia de nuestro pueblo, la pérdida de la entrada de dinero por medio del situado mejicano fue una de las grandes razones para que las

---

[14] Fray Iñigo Abbad y Lasierra, *Historia Geográfica, Civil y Económica de la Isla San Juan Bautista de Puerto Rico. Edición comentada por José Julián Acosta*. Puerto Rico, Imprenta Acosta, 1866, pág. 250-300.

[15] Bibiano Torres, *Historia de Puerto Rico, 1765-1800*. San Juan, Instituto de Cultura Puertorriqueña, 1968, pág. 43-44.

[16] Luis Caldera Ortiz y Municipio Autónomo de Coamo, *Coamo, Historia de sus barrios...*, pág. 14. La titularidad de villa fue efectiva a partir del 2 de febrero del 1803.

[17] Archivo General de Puerto Rico, Correspondencia de Gobernadores Españoles, Coamo, Caja 442.

autoridades de la Isla ordenaran que los sitios principales de los partidos fueran catalogados como barrios (rurales o urbanos). El título de barrio iba acompañado con una serie de deberes que debían cumplir sus pobladores. Entre esto, estaba el que se diera una aportación económica para sustentar al ayuntamiento municipal. A su vez, cada barrio tenía designado un encargado que informaba al municipio sobre quienes eran las personas aptas para trabajar, se hacían censos y se indicaban los niños que no tenían escolaridad.[18]

Esta misma dinámica también se desarrolló en el pueblo de Coamo. Es por ello por lo que, a partir del año 1812, la administración municipal de la Villa de Coamo tuvo que modificarse, siendo el 6 de noviembre de 1812, la fecha de la primera elección municipal en nuestro pueblo.[19]

En las décadas del 1810 y 1820, según el cronista Pedro Tomas de Córdova, hubo cambios en la administración en el pueblo de Coamo. Estos se debieron a los continuos movimientos políticos que se dieron en España (1808, inicia la guerra de independencia contra Francia; 1808-1810, Junta Suprema Central; 1810-1814, Cortes de Cádiz; 1814-1820, absolutismo de Fernando VII; 1820-1823 Trienio Liberal) que repercutieron en la organización de la administración de los pueblos, especialmente, en la Villa de Coamo.[20]

---

18 Rafael Torres San Inocencio, *Los Barrios de Puerto Rico: Historia y Toponimia.* Hereditas, Revista de Genealogía Puertorriqueña, vol. 8, número 1, año 2007, pág. 17.

19 Archivo General de Puerto Rico, Correspondencia de Gobernadores Españoles, Coamo, Caja 442.

20 Pedro Tomas de Córdova, *Memorias geográfica, históricas y económica de la Isla de Puerto Rico.* Tomo II y V. San Juan, Editorial Coquí, 1968. Tomo II, pág. 9 y 10 y Tomo V, pág. 7 y 56. Córdova indicaba que se había establecido el puesto de Teniente Justicia Mayor, que era para los asuntos de seguridad, pero este funcionario se mudó a Ponce y la seguridad de la villa se quedó a cargo del Teniente a Guerra.

A pesar de eso último, en nuestro pueblo hubo una persona ejerciendo el cargo de alcalde constitucional que trabajaba mano a mano con los miembros del cabildo municipal.[21] De hecho, el cabildo fue la institución precursora de lo que hoy conocemos como la Legislatura Municipal.

Entre los años 1832 y 1843, la Villa de Coamo, era cabecera del distrito del área sur[22], pero la creación de los pueblos de Salinas[23] y Santa Isabel a principios de la década del 1840[24], hizo que la Villa de Coamo perdiera jurisdicción territorial de un área necesaria para continuar con el predominio territorial de la región. Con la pérdida del control de los puertos de la costa y una bajada en la demografía del territorio coameño, se dieron los factores necesarios que influyeron a que el pueblo de Ponce pasara a ser cabecera de distrito.

La documentación de la época nos muestra que la Villa de Coamo tenía una composición presidida por el alcalde y una junta de vocales.[25] Según Rivera Bermúdez, después del año 1850, el gobernador de Puerto Rico hizo una reorganización en la seguridad de los pueblos, que conllevó a que el municipio de Coamo, fuese administrado por un Alcalde de segunda clase (implica que no era un municipio cabecera de

---

[21] Archivo General de Puerto Rico, Correspondencia de Gobernadores Españoles, Coamo, Caja 443, Legajo 1545. El alcalde identificado de la década fue Manuel Vélez.

[22] Ramón Rivera Bermúdez, *Historia de Coamo: La Villa Añeja*. Tomo I. Coamo, Imprenta Acosta, 1980, pág. 278-280.

[23] Luis Caldera Ortiz, *Coamo: Su Historia, 1577-1898*. Tomo I. Santa Isabel, El Jaguey, 2022.

[24] Archivo General de Puerto Rico, Obras Públicas, Obras Municipales, Santa Isabel, Caja 343, Legajo 64, expediente 2. *Sobre erección de un nuevo pueblo en el barrio de Coamo Abajo del territorio de Coamo.*

[25] Archivo Histórico Nacional, Ultramar, 5068, exp. 37. Los miembros de la junta eran los siguientes: Domingo Quijano presidente, Juan Antonio Pérez, Agustín Colón, José Braschi, José María Alvarado y Juan María de Rivera eran vocales y José Estover era secretario. Otra fuente que pudiera ser revisada es el Archivo General de Puerto Rico, Correspondencia de Gobernadores, Coamo, Caja 443.

distrito).[26] Se le añade que también había una Junta Municipal compuesta por el propio alcalde, un secretario, regidores, vocales y síndicos. Estos se reunían para trabajar los temas de obras públicas, sanidad, presupuesto económico y otros.[27] Sobre este asunto el historiador José Julián Acosta, a mediados de la década del 1860, hace una descripción.[28] Esta Junta Municipal era el equivalente a lo que hoy conocemos como Legislatura Municipal.

Durante el verano de 1870, la Corona Española, instituyó en la Isla un sistema de ayuntamiento similar al de la península. Eso llevó al establecimiento en Puerto Rico de una nueva Ley Municipal que modificó la administración y la burocracia de las alcaldías de los municipios.[29] Además, dentro de esa nueva legislación se estableció el Consejo Municipal, como entidad dual con el alcalde municipal.[30]

En sencillas palabras el Consejo vino a ser la antigua Junta Municipal. A pesar de que tomó varios años para establecerse, este nuevo sistema administrativo en la Isla, comenzado a finales de la década del 1870, se aplicó a todos los pueblos.[31]

En las últimas dos décadas del siglo XIX, el Consejo Municipal, en conjunto con el Alcalde, estipulaban el impuesto local, analizaban el gasto del ayuntamiento, presupuestaban la policía urbana y rural, la instrucción pública, obras públicas, beneficencia municipal y las obras de nueva construcción. El presupuesto era preparado por el

---

[26] Ramón Rivera Bermúdez, *Historia de Coamo*...pág. 280.
[27] Archivo Histórico Nacional, Ultramar, 309, exp. 17.
[28] Fray Iñigo Abbad y Lasierra, *Historia Geográfica, Civil*...pág. 264-265.
[29] Archivo Histórico Nacional, Ultramar, 5110, exp. 1. La legislación fue aprobada en una Ley Municipal de 1876.
[30] Lidio Cruz Monclova, *Historia de Puerto Rico, siglo XIX*. Tomo II, primera parte, 1868-1874. Rio Piedras, Editorial Universitaria, 1970, pág. 313.
[31] Archivo Histórico Nacional, Ultramar, 5110, exp. 1.

ayuntamiento y aprobado por los miembros del Consejo.[32] El estudio documental nos indica, que, en la última parte de este siglo, el Consejo Municipal y el propio municipio, establecieron una administración más compleja y abarcadora si la comparamos con la de los siglos anteriores.

No se debe olvidar, que, en la última década, en nuestro pueblo, los candidatos a Alcalde, representaron a los partidos Incondicional Español y al Autonomista, siendo el segundo la base de los partidarios del ideal liberal. Su durabilidad en el cargo era de un año. Por lo que fácilmente más de cuarenta coameños fueron alcaldes durante el transcurso del siglo XIX.

Después de la invasión norteamericana en agosto del 1898, el estadounidense estableció un gobierno de transición tanto a nivel central como en los ayuntamientos.[33] No obstante, en lo que se establecía un nuevo sistema gubernamental municipal, el antiguo modelo español de administración quedó vigente.

La primera Ley Municipal bajo el nuevo régimen fue aprobada por la Legislatura Insular el 1º de marzo del 1902, ordenaba, a los ayuntamientos ser dirigidos por un Alcalde y un Consejo Municipal.[34] Para el año de 1906, el pueblo de Coamo fue declarado municipio de segunda clase.[35]

Prácticamente, el antiguo sistema administrativo municipal bajo el sistema español permaneció vigente en Puerto Rico con la diferencia que se prohibieron algunos mecanismos de ofrecimiento de servicios. Un ejemplo de lo

---

[32] Archivo Histórico Nacional, Ultramar, 344, exp. 9.

[33] *El Mundo de Puerto Rico*, sábado, 30 de enero del 1937, pág. 21. Se indicaba que el gobierno de transición duro del 10 de octubre del 1899 hasta el 1 de mayo del 1900.

[34] Ibíd.

[35] Archivo General de Puerto Rico, Documentos Municipales, Coamo, Caja 14, exp. 277.

último expresado es que las subastas se realizaban de manera pública, bajo el gobierno español, y bajo el gobierno norteamericano se ordenó la realización de subastas que fueran exclusivamente de los ayuntamientos.[36] Como así que los puestos electivos en comicios fuese cada cuatro años. Similar al modelo anglosajón. Esto hace indicar que el modelo administrativo del municipio de Coamo, al igual que el resto de la Isla, se comenzó a norteamericanizar.

La Ley Municipal de 1919, eliminó el cargo de alcalde de los pueblos, desapareció los Consejos Municipales y las Juntas Escolares. En su lugar se crearon las Asambleas Municipales electas por el pueblo con poderío para nombrar los funcionarios locales y disponer sus obligaciones. El presidente de la Asamblea hacia las funciones del alcalde. Este tipo de gobierno municipal no duró mucho. Para 1924 se volvieron a establecer los alcaldes en los pueblos, junto a ellos, los candidatos para la Asamblea Municipal eran elegidos.[37]

La propia legislación a lo largo de la primera mitad del siglo XX, estipulaba, que si un alcalde electo moría antes de juramentar, el partido al cual representaba el fallecido ejecutivo, podía hacer una terna o elección interna para substituirlo, aunque ésta debía ser aprobada por la Asamblea.[38] Si el alcalde moría en plena funciones, el presidente de la Asamblea Municipal lo podía sustituir en el

---

[36] Archivo General de Puerto Rico, Documentos Municipales, Coamo, Caja 14, exp. 288. Carta Circular del 9 de mayo del 1904. También véase Archivo General de Puerto Rico, Documentos Municipales, Coamo, Caja 8, exp. 155.

[37] *El Mundo de Puerto Rico*, sábado, 30 de enero del 1937, pág. 21.

[38] *El Mundo de Puerto Rico*, martes, 12 de enero del 1937, pág. 10. Aquí tenemos el caso del alcalde fallecido de Ponce. También véase a Ramón Rivera Bermúdez, *Historia de Coamo*…pág. 427-430. Aquí tenemos el caso de la alcaldesa coameña María Isabel Colón Picó, que fue electa en el 1937 de esta forma para ejercer esas funciones en Coamo.

cargo, esto último aplicó hasta 1946.[39] También en la década del 1940, el gobernador, podía substituir el Alcalde y la Asamblea Municipal en caso de haber conflictos internos.[40]

Después de oficializarse el Estado Libre Asociado, el 25 de julio del 1952, la composición administrativa del pueblo de Coamo quedó inalterada. A partir de la ley municipal 142 del 21 de julio de 1960[41], la actividad de administración de nuestro pueblo se hizo más compleja y extensa debido a que nuestro pueblo experimentó un crecimiento poblacional y la zona urbana fue expandiéndose. Esto llevó a un aumento de 9 a 14 miembros en la Asamblea Municipal.[42] Antes del 1960, el presupuesto designado del municipio incluía los gastos del cuerpo municipal, pero después del 1961, el puesto de Secretario Municipal que era puesto de confianza del Alcalde pasó ser parte de la Asamblea Municipal.[43] En su lugar se ampliaron los puestos dentro de la oficina del primer ejecutivo.

Con el pasar de las décadas, el crecimiento demográfico y las necesidades del pueblo se propiciaron cambios en las oficinas municipales creándose nuevos departamentos. Ejemplo de esto es la creación de la oficina de Deporte, Juventud y Cultura. La Ley 81 del 30 de agosto del 1991, mejor conocida como Ley de Municipios Autónomos, transformó e

---

[39] Archivo de la Legislatura Municipal, Coamo, Libro de Ordenanzas, Resoluciones y Actas, 1944 al 1947, Libro 21, Folio 202-203. A partir del 1946, el alcalde empezó a ser substituido por el Tesorero Director Escolar y en ausencia de este último podía ser el Director de Beneficencia. En la actualidad y desde hacen décadas lo sustituye un vicealcalde.

[40] *El Mundo de Puerto Rico*, sábado, 11 de febrero del 1950, pág. 16.

[41] Archivo de la Legislatura Municipal, Coamo, Libro de Ordenanzas, Resoluciones y Actas, 1960 al 1963, Libro 29, Folio 1.

[42] Ibíd. Folio 73.

[43] Ibíd. Folio 371. Esto se dedujo con el estudio y comparación de los libros de las actas en los periodos mencionados.

hizo más compleja la administración municipal.[44] Esta legislación le dió más autonomía y libertad al municipio para desarrollar ordenanzas más elaboradas, pero a la vez, significativas para el desarrollo del pueblo. A pesar de que esta Ley se ha revisado una gran cantidad de veces, aún hoy día, los estatutos principales de esta legislación siguen vigentes.

Los tres partidos principales que han estado ocupando, tanto la alcaldía como la asamblea municipal, en el último siglo, han sido el Partido Republicano (1900-1940), el Partido Nuevo Progresista (1977-1980 y 1997-2000) y el Partido Popular Democrático (1941-1976, 1981-1996 y 2000 al presente). Este último, con grandes aportaciones para el desarrollo del pueblo.

ESTUDIANTES DE LAS ESCUELAS INTERMEDIAS FLORENCIO SANTIAGO, ROMÁN COLÓN CORREA, HW SANTAELLA Y SABINO RIVERA PARTICIPANDO DE LA ACTIVIDAD "SÍMBOLOS DE MI PUEBLO" PRESENTADA POR LA LEGISLATURA MUNICIPAL, 16 DE NOVIEMBRE DEL 2018

---

[44] Archivo de la Legislatura Municipal, Coamo, Libro de Actas, 1992-1993. Actas núm. 15.

LEGISLADORES MUNICIPALES PARTICIPANDO DEL
CONVERSATORIO: "LA VIOLENCIA NOS CORRESPONDE A TODOS"
CON LOS PANELISTAS: SRA. NAILYMAR ARROYO, FISCAL;
DRA. NIVIA RODRÍGUEZ, PSICÓLOGA; SRA. JEANNETTE ORTIZ,
POLICÍA PR, DIVISIÓN DE VIOLENCIA DOMÉSTICA; SRA. VILMARIE
RIVERA, DIRECTORA HOGAR NUEVA MUJER; SR. HÉCTOR MILLÁN,
PASTOR DEL CENTRO CRISTIANO ALCANZA Y LA SRA. MARÍA
ANGÉLICA MORALES, OFICINA CONTIGO MUJER.
17 DE OCTUBRE DEL 2018

AGRADECEMOS A LA FUNDACIÓN RAMONA ANGLERÓ TEXIDOR,
A SU PRESIDENTA, SRA. MARÍA DE LOS ÁNGELES Y A LA LÍDER
COMUNITARIA, SRA. JACKELINE VÁZQUEZ QUE DONARON
BOLSAS DE HIELO Y CENAS CALIENTE PARA LOS RESIDENTES DE
LA COMUNIDAD DEL BARRIO COAMO ARRIBA. RECONOCEMOS A
DAMARIS L. FIGUEROA, FRANCISCO CRUZ, NEIDA MATEO,
EMERILDA TORRES, MIRIAM ROJAS DE LA OFICINA DE LA
LEGISLATURA MUNICIPAL Y AL GRUPO DE VOLUNTARIOS QUE
HICIERON ENTREGA DE ESTAS, 1 DE OCTUBRE DEL 2023

LEGISLADORES MUNICIPALES EN TALLER UN IMPACTO ECONÓMICO
DEL PLAN FISCAL DE LA ASOCIACIÓN DE LEGISLADORES
MUNICIPALES DE PUERTO RICO, 18 DE MARZO DEL 2017

LA LEGISLATURA MUNICIPAL RECONOCE A LOS EQUIPOS
DE FUTBOL DE LA SOUTH SOCCER LEAGUE Y
ESCUELA INTERMEDIA BENJAMÍN FRANKLIN. 8 DE JUNIO 2017

Administración de la Legislatura Municipal, 1812-2015.

Luego de vista la primera parte de esta obra, donde se describe la evolución administrativa del pueblo de Coamo, debemos pasar específicamente a la administración de la Legislatura Municipal desde 1812 hasta el presente. El objetivo de esta sección es demostrar cómo la historia administrativa de Coamo está unida a la historia de la Legislatura Municipal.

Con respecto al nacimiento del sistema municipal coameño, a partir de 1812, con la municipalización de los pueblos de la Isla, se cimentaron las bases para que la villa de Coamo tuviese su propio cuerpo electivo. La junta de cabildo era dirigida por un alcalde de primer voto y este cuerpo municipal, a pesar de que se hicieron cambios constantemente a las leyes municipales, se mantuvo casi intacto por las siguientes décadas. La forma en que se reunían estos funcionarios era muy peculiar, sentados alrededor de una mesa en la misma casa donde se alojaba el cuerpo de justicia del pueblo.[45]

A partir del año 1845, se aprobó en España, que los municipios fuesen catalogados en una escala de ascendencia. Es decir, las categorías de primera[46], segunda[47] y tercera clase[48] estos rangos iban a depender del tamaño y la cantidad de población en los pueblos.

---

[45] Archivo Histórico Nacional, Ultramar, 5070, exp 3. *Visitas del gobernador a los pueblos de la Isla (1838-1846).*

[46] Esta categoría se reserva para los municipios cabecera de distrito, como, por ejemplo: San Juan, Ponce y Mayagüez.

[47] Fue reservada para los municipios con longevidad y existencia como pueblo establecido, ejemplo fueron los pueblos con más de 20 años de fundados.

[48] Se reservaba para los pueblos recién fundados, debido a que no gozaban de una estabilidad económica, ejemplo de esto, en la época, fue Salinas y Santa Isabel.

31

Luego de hecho el análisis, a partir del año 1850, la Villa de Coamo, fue catalogada como un municipio de segunda clase.[49] La composición de la Junta Municipal sería acorde a esto. El historiador José Julián de Acosta, indicaba, que este sistema de gobierno (referente a la segunda clase) era uno amparado en la seguridad y diseñado para estimular la agricultura.[50]

La Junta Municipal era dirigida y presidida por el alcalde del pueblo, también había un secretario, varios vocales y un síndico.[51] Habrá notado el lector que las funciones del alcalde en estos periodos estaban sumamente ligada al cuerpo municipal de delegados.

Después de 1870, la Ley Municipal del 28 de agosto del mencionado año, modificó la antigua Junta Municipal y se establecieron los Consejos Municipales. El proceso de establecer este mecanismo de administración fue uno que tomó varios años en hacerse como lo estipulaba la legislación de la época. A partir de finales de la década del 1870, los Consejos Municipales se establecieron en Puerto Rico.

En los pueblos pequeños se estableció un presidente del Consejo que en cuyo caso lo era el Alcalde electo, los miembros del Consejo que podían ser entre 6 a 9 miembros y un síndico.[52] En el caso de Coamo, este por tener título de villa, tenía un presidente de Consejo que venía siendo el alcalde, un cuerpo de Consejo con 6 a 9 miembros, ayudados

---

[49] *La Gaceta de Puerto Rico,* jueves, 23 de septiembre del 1852, pág. 2-3.
[50] Fray Iñigo Abbad y Lasierra, *Historia Geográfica, Civil…*pág. 264-265.
[51] Archivo Histórico Nacional, Ultramar, 309, exp. 17. Para el verano del 1859, los miembros de la Junta Municipal de la villa de Coamo eran los siguientes: José Larrauri era presidente, Francisco Rodríguez comandante, Hemeterio Colón era secretario, Agustín Colón, José Picó, Clotilde Santiago y Luis Rodríguez eran vocales y José Braschi era síndico.
[52] Carlos Domínguez Cristóbal, *Antología Histórica de Ciales, 1868-1899.* 1995, pág. 72-74.

por una junta municipal y había un Secretario Municipal.[53] Estos se encargaban de aprobar el presupuesto y los servicios del Ayuntamiento Municipal. Este modelo administrativo se mantuvo inalterado hasta el año 1898. Podemos señalar que estos puestos eran honoríficos y no poseían sueldo alguno.

En los primeros años de la dominación norteamericana en Puerto Rico, el gobierno de Coamo estuvo dirigido provisionalmente por el antiguo modelo español. La Ley Municipal del 1 de marzo del 1902, ordenaba que los pueblos debían ser dirigidos por un Alcalde electo por votación de la población masculina y este debía formar un Consejo Municipal.[54] También iba a ser nombrado un Secretario Municipal y una Junta Escolar, para que ayudaran al Alcalde y al Consejo.[55] Los miembros de estos últimos cuerpos tuvieron un sueldo fijo. Hemos encontrado en los documentos, que el Presidente del Consejo Municipal podía cubrir el puesto de Alcalde, en tiempos en que este se ausentaba.[56]

Esta reglamentación se mantuvo intacta hasta el año 1946.[57] El Consejo Municipal y luego la Asamblea Municipal, se componían de siete miembros en las primeras dos décadas

---

[53] Archivo Histórico Nacional, Ultramar, 344, exp. 9. Pedro de Echevarría era el alcalde y presidente del cuerpo, Joaquín Gomes era el Secretario del Ayuntamiento. Los Concejales que aparecieron en el expediente fueron los siguientes: Pablo Juan Rivera, Ramón Aguilú, Cecilio Rodríguez, J. C. Rivera, Paulino Rivera, J. Laboy y García Carrero.

[54] *El Mundo de Puerto Rico*, sábado, 30 de enero del 1937, pág. 21.

[55] Archivo General de Puerto Rico, Documentos Municipales, Coamo, Caja 14, exp. 268 y 280-285.

[56] Ibíd. exp. 275. Se indicaba que el 20 de noviembre del 1907, que alcalde substituto del pueblo de Coamo lo era el Presidente del Consejo Municipal Clotilde Aponte.

[57] Archivo de la Legislatura Municipal, Coamo, Libro de Ordenanzas, Resoluciones y Actas, 1944 al 1947, Libro 21, Folio 202-203.

del siglo XX.[58] Esta cantidad subió a nueve a partir de 1924. A lo largo del siglo XX, los miembros del cuerpo municipal elegían a su presidente por medio del voto.

A partir del 1961, los asambleístas electos, podían nominar a un presidente y ser ratificado sin objeción. En caso de objeciones o de varios candidatos, se hacía una elección entre los miembros. También había un Vicepresidente que era electo y podía presidir el Consejo en ausencia del Presidente del cuerpo.[59] Estos procesos se hacen hoy en día.

La Ley Municipal del año 1919, eliminaba el cargo de Alcalde,[60] el nombre de Consejo Municipal se cambió por el de Asamblea Municipal[61] y se eliminó la Junta Escolar. En cada pueblo esa Asamblea Municipal iba ser electa por el pueblo, ese cuerpo tenía poderes para nombrar los funcionarios locales. Entiéndase con esto último que se nombraría al Secretario Municipal y al Auditor. Esto llevó a que el Presidente de la Asamblea Municipal realizará las funciones de un alcalde en propiedad.[62]

Este sistema fue temporero, en el año 1924, fue enmendada la Ley, se volvieron a poner a los Alcaldes como ejecutivos locales, pero el sistema de la Asamblea Municipal quedó inalterado. A partir de ese momento, las elecciones

---

[58] Archivo General de Puerto Rico, Documentos Municipales, Coamo, Caja 32, legajo 751.
[59] Archivo General de Puerto Rico, Documentos Municipales, Coamo, Caja 14, exp. 275. El vicepresidente lo era Ramón Aguilú.
[60] La documentación encontrada en el Archivo General para el periodo del 1920 y 1924, nos muestra que el pueblo de Coamo estaba siendo dirigido por el presidente de la Asamblea. En el libro de Ramón Rivera Bermúdez (Tomo I), indicaba que un tal Felipe Vega Norat fue alcalde para ese periodo. Para este estudio no hemos dejado llevar por las fuentes documentales de la época, pero, aun así, este tema puede ser motivo de investigación en un futuro.
[61] Archivo General de Puerto Rico, Documentos Municipales, Coamo, Caja 38, legajo 884. Se informa que la primera asamblea bajo esta legislación fue el 29 de octubre de 1919.
[62] Archivo General de Puerto Rico, Documentos Municipales, Coamo, Caja 51, exp. 2062.

municipales eran una contienda para escoger tanto al alcalde como a los asambleístas. No olvidemos que todos los candidatos debían ser aprobados por el directorio de los partidos políticos correspondientes.

Se debe mencionar que, a lo largo de la primera mitad del siglo XX, se hicieron constantes enmiendas a la Ley Municipal[63], es importante saber, que el Consejo Municipal y luego la Asamblea Municipal, estaban pendientes a seguir los artículos vigentes de la mencionada Ley.

A pesar de que, a lo largo de la primera mitad del siglo, el reglamento de subasta era enmendado cada cierto tiempo, la Asamblea Municipal legislaba para la venta de los usufructos. Además, el aspecto de contabilidad municipal e incluso quien debía sustituir al primer ejecutivo, fueron detalles que se enmendaban cada cierto tiempo. La realidad de la propia Ley era que la base y composición de los cuerpos apenas tuvo modificaciones sustanciales. El único cambio significativo lo fue el cambio de Consejo Municipal a Asamblea Municipal en 1920.

Todo esto hace entender que la composición, la función directiva y los deberes de la Asamblea Municipal se quedaron inalterados en la primera mitad del siglo XX. La Ley 142 del 21 de julio del 1960, hizo unos pequeños cambios a la composición del cuerpo. A partir del 9 de enero del 1961, el número de personas en la Asamblea Municipal subió de nueve a catorce miembros electos por el voto de los electores.

---

[63] Las enmiendas más importantes, que a nuestro entender se hicieron a las Leyes Municipales, fueron realizadas en los siguientes años: la ley del 1906, 1919, 1924 y 1946. Las referencias de las cuatro leyes han sido citadas previamente en este trabajo. Otras leyes incluyen las aprobadas en 1970 y 1991, que han sido significativa para la administración municipal.

A base de los documentos de la época, el partido de mayoría tuvo once miembros en el cuerpo, el segundo partido con más votos tuvo dos delegados asambleístas y el tercer partido, tenía un solo miembro representándolo en las vistas ordinarias y extraordinarias.[64] Además, también se empezó a nombrar en la Asamblea Municipal el cargo de portavoz de la mayoría y el portavoz de la minoría.[65].

Algunas de las razones para que estos cambios se dieran fueron el crecimiento poblacional que Coamo estuvo experimentando. También las particularidades del Estado Libre Asociado permitieron que las leyes se ajustaran y se fueran asimilando a lo que se hacía en la Legislatura Estatal. Cuando se analiza más a profundidad la Ley 142 de 1960, se puede notar claramente, que se quiere introducir a los pueblos los mecanismos del sistema legislativo estatal.

También a partir del 1961, con la Ley firmada del año anterior, el puesto de Secretario de la Asamblea se establece por separado al de la Alcaldía.[66] Antes del 1960, específicamente desde el año 1902, el Secretario Municipal[67],

---

[64] Archivo de la Legislatura Municipal, Coamo, Libro de Ordenanzas, Resoluciones y Actas, 1960-1963, Libro 29, Folio 73. Había once miembros de la delegación popular, dos miembros del Partido Estadista Republicano y un miembro del Partido Independentista Puertorriqueña.

[65] Ibíd. Los primeros portavoces de la mayoría fueron Juan Rivera Ortiz y Vicente Vizcarrondo por la minoría.

[66] Archivo de la Legislatura Municipal, Coamo, Libro de Ordenanzas, Resoluciones y Actas, 1960-1963, Libro 29, Folio 258-259.

[67] Algunas de los secretarios que hemos identificado en las actas y ordenanzas en el archivo General de Puerto Rico, cuyo periodo comprende entre el 1901 al 1940, son las siguientes: Heriberto Fontanes (1901-1921), José Baerga (1922-1924), Arturo de la Cruz (1924-1932), Brian Díaz Roche (1933-1936)), Rafael Descarte (1937-1940). Los secretarios de la Asamblea y Legislatura Municipal, entre el periodo del 1942 al presente son los siguientes: Modesto Rodríguez (1942-1950), Juan Colón López (1951-1957), Rafael Mage Colón (1958-1963), Claudina Ríos (1963-1972), Ángel R. Barreto, (1973), Ada A. Cardona (1973-1975), María de los A. Rodríguez (1975-1977), Carmen D. Ortiz Quezada (1977-1980), Carmen M. Martínez (1980), Drusila Ortiz Ortiz (1981-1984), Ada Cardona de Rodríguez (1985-1992), Doris Padilla

atendía los aspectos burocráticos del Alcalde y de la Asamblea por igual. Todo el trabajo era canalizado por esta persona.

Todo esto nos lleva a visualizar como los deberes del legislador municipal iban en aumento, prácticamente, las actas del año 1953 en adelante lo certifican así.[68] La posición de Sargento de Armas la hemos identificado en los documentos a finales de la década del 1980.[69] Este puesto se dedica a llevar el orden y seguridad en las sesiones ordinarias y extraordinarias. Otra posición que surgió con el pasar del tiempo lo fue el Asesor Legal. Esta persona con título de abogado licenciado está presente en las vistas públicas y regulares del cuerpo. A base de su conocimiento jurídico asesora al cuerpo legislativo en aspectos que sean legales.

Un aspecto interesante que vino con esta legislación (1961), es que dentro de las comisiones se empezó a designar un presidente, que las dirigiera, y un secretario, que guardara minutas de los temas discutidos. En total una comisión se componía de seis asambleístas. Antes de eso, las comisiones

---

(1993-1995), María de los A. Rivera (1996-1998), Nereida Méndez Aponte (1999-2000), Marisel Cardona Rivera (2000), Eileen González (2001-2009) y Emerilda Torres Torres(2010 al presente). Se debe indicar que, si la persona en propiedad del cargo está ausente, hay otra interina que la substituye.

[68] Archivo de la Legislatura Municipal, Coamo, Libro de Ordenanzas, Resoluciones y Actas, 1951 al 1954, Libro 23 y 24. Antes del año 1953, se registraron menos detalles en las actas, resoluciones y ordenanzas, los libros fueron creciendo en tamaño a partir del mencionado año.

[69] Archivo de la Legislatura Municipal, Coamo, Actas, 1988-1989. Acta núm. 16., 1 de marzo del 1989. Algunos de los Sargento de Armas identificados en las actas son los siguientes: Tolentino Ramos (1986-1988), Edwin Colón Mateo (1989-1992), Luis E. Collazo (1993-1995), Nilsa Alvarado (1996), Edgardo Zayas Cintrón (1997), Roberto Rivera Santiago (1997-1998), Ana Judith Mateo (1998-2000), Audrey Rivera Mercado (2001-2003), Madeline Rodríguez Rodríguez (2003-2004), Amarilyn Santiago Rivera (2004-2009), Coralis Colón Rivera (2009-2013) y María Rosa Rivera Rivera (2013 al 2018). Se debe indicar que la identificación de una parte de estos miembros fue gracias a la ayuda del Departamento de Recursos Humanos del Municipio Autónomo de Coamo.

eran compuestas por tres o cuatro asambleístas que se encargaban de los asuntos por igual. En la actualidad las comisiones se siguen componiendo de un presidente y cinco legisladores municipales.

Como dato interesante, es a partir de la Sesión Inaugural del 11 de enero del 1965, que a los asambleístas se le empieza nombrar con el título de Honorable; antes de esta fecha eran llamados Señora o Señor.[70] Durante el siglo XX, las reuniones ordinarias se dieron, en ocasiones, varias veces a la semana (usualmente si un asunto tomaba más tiempo del esperado). Con el pasar del tiempo estas reuniones se redujeron a una por mes, específicamente, el primer miércoles de cada mes. En ocasiones en periodos festivos, tal como la "Navidad", el presidente(a), hace una Orden Ejecutiva para cambiar la fecha de la reunión a otra semana. También en ocasiones se pueden reunir para discutir comisiones especiales.

La Ley 81 del 31 de agosto del 1991, mejor conocida como Ley de Municipios Autónomos, introdujo ciertos cambios al cuerpo legislativo municipal y a los aspectos administrativos del municipio de Coamo. A nuestro entender el principal cambio fue el nombrar a la Asamblea Municipal como Legislatura Municipal.[71] Esto vino acompañado de la otorgación de facultades legislativas más definidas. La composición de sus miembros se realizó según el tamaño demográfico del municipio. En el caso de nuestro pueblo, por estar en el rango de 20 a 40 mil habitantes, la composición es de 14 miembros.[72]

---

[70] Archivo de la Legislatura Municipal, Coamo, Ordenanzas, Resoluciones, Actas, Libro 30, Folio 423.

[71] Ley 81 del 30 agosto del 1991, revisada mayo 2015, articulo 4.001.

[72] La Ley estipulaba que los municipios de 40 mil habitantes o más, tendrían 16 miembros en la Legislatura Municipal; de 40 mil a 20 mil habitantes, sería de 14 miembros; y con población menor de 20 mil, tendría 12 miembros.

Se debe indicar, que, debido a la extensión de esta legislación, se tomó una cantidad de meses para que se pudiese crear un nuevo reglamento que fuese usado por la entidad municipal.[73] En cada cuatrienio la Comisión de Jurídico y Reglamento desarrolla las estipulaciones a seguir durante ese período de tiempo mencionado.

Un aspecto interesante es que desde ese momento en adelante se estipulaba un logo propio para ser usado por la Legislatura Municipal en la documentación oficial.[74] El logo que viene siendo el sello oficial, se vino hacer bajo la presidencia de Damaris L. Figueroa Santiago.[75]

Sin duda alguna, cuando se analizan las nuevas particularidades añadidas a la Legislatura Municipal, el propósito de la Ley de Municipios Autónomos buscaba crear de la Legislatura Municipal una versión reducida de la Legislatura Estatal. No obstante, en las últimas décadas se han hecho un sin número de revisiones a la Ley, pero no se ha cambiado los aspectos discutidos. El censo del 2010 reflejó, que el Municipio de Coamo, tenía una población de sobre 40,000 habitantes. Automáticamente la legislación, indicaba, que los partidos políticos podían tener trece candidatos para la Legislatura Municipal.[76] En la Sesión Inaugural del 14 de enero del 2013, hubo trece Legisladores Municipales del partido de mayoría y tres de los partidos de minoría.[77] Eso

---

[73] Archivo de la Legislatura Municipal, Coamo, Actas, 1992-1993, Acta núm. 18, 7 de abril del 1993. El abogado que fue encargado de revisar esa legislación fue el Lic. Efraín Espada Reyes. Se debe añadir que en las vistas de la Legislatura Municipal hay un asesor legal que está a cargo de la logística de la reglamentación.
[74] Ibíd.
[75] Archivo de la Legislatura Municipal, Coamo, Resoluciones, 2008-2009, Resolución Interna Núm. 1.
[76] Ley 81 del 30 agosto del 1991, revisada mayo 2015, articulo 4.003.
[77] Archivo de la Legislatura Municipal, Coamo, Actas, 2012-2013. Acta Núm. 9, 14 de enero del 2013.

significaba que el número de Legisladores había aumentado a diez y seis en total.

Durante el verano del 2020, es decir luego de pasado los primeros meses de la declaración de pandemia, la Legislatura Estatal hizo una serie de análisis para crear un código municipal a corde con estos tiempos modernos. Por lo que el 14 de agosto del 2020, surgió la Ley 107. En cual se establecieron unas medidas diferente en comparación a Ley Núm. 81 de 30 de agosto de 1991, las más llamativas se pondrán a continuación:[78]

- En la nueva ley, el nuevo Código Municipal tiene en un compendio de ocho (8) libros, que a su vez se subdividen en capítulos y artículos. El Libro I, Gobierno Municipal, está relacionado a las normas, reglas y leyes concernientes a los poderes y facultades del poder ejecutivo y del poder legislativo

- El Capítulo IV del libro I, Poderes y Facultades de la Legislatura Municipal hace una recopilación de la composición, requisitos, elección, las Normas Generales de Ética, entre otros, de los legisladores. En el Capítulo V, Procesos Legislativo, es una guía de cómo se deben llevar a cabo los trabajos en la Legislatura Municipal. En este capítulo es donde notamos que hubo cambios significativos, como, por ejemplo, en la derogada ley las reuniones era una vez al mes, para un máximo de 12 reuniones al año y el alcalde o la legislatura, según la necesidad o la emergencia, podían convocar una reunión

---

[78] Agradecemos mucho a la Sra. Emerilda Torres, secretaria de la Legislatura Municipal por darnos su ayuda en los asuntos de la nueva legislación.

extraordinaria en cualquier momento durante ese año. Con el nuevo código, este autoriza a las legislaturas a tener dos sesiones abiertas al año y pudiéndose reunir hasta un máximo de sesenta veces al año, o sea 30 veces en casa sesión. En cuanto a las reuniones extraordinaria el alcalde o la legislatura podrán solicitarla cuando no se esté celebrando una sesión ordinaria a menos que se trate de un asunto de emergencia. Esto quiere decir que pueden convocar una sesión extraordinaria entre finales de noviembre y el segundo lunes de enero y desde el primero de julio y el tercer lunes de agosto, que son los días que la legislatura no se reúne. Esta forma de reunirse es similar a lo que ocurre en la Legislatura Estatal.

- Otro cambio significativo en el código es el reclutamiento del Secretario de la Legislatura Municipal el cual debe poseer, por lo menos, un grado de Bachillerato de una institución de educación superior y/o seis años de experiencia en asuntos legislativos, municipales o estatales, contrario con la derogada ley que, solamente el requisito era un bachillerato.

- Un dato de interés es que la ley derogada tenía un artículo sobre las cuestiones de Privilegio, Planteamientos y Preferencias, mientras que el Código Municipal cambia el título de ese artículo a los Procedimientos Parlamentario en las Sesiones e Interpretación del Reglamento que incluye las cuestiones de orden, privilegio, previa e interpretación del reglamento y recomienda que este debe estar incluido en el Reglamento Interno de la Legislatura Municipal.

Aquí algunos cambios notables con la Ley 107, la misma también preserva estatutos que estaban en la anterior, un ejemplo de eso es la cantidad de miembros, según el censo más actualizado. Un requisito para determinar la cantidad de miembros de la Legislatura Municipal es por los habitantes, según el censo. Antes del censo 2020, la Legislatura Municipal tenía la facultad para juramentar dieciséis legisladores. En el censo del 2020 el Municipio de Coamo tiene menos del 40,000 habitantes (34,668), por lo que, en la Sección Inaugural del 2025, solamente catorce miembros tomarían juramentación oficial.

Cuando analizamos, el crecimiento y evolución de nuestro cuerpo municipal en los últimos 200 años, nos damos cuenta de que tiene una extensa y rica historia. La Legislatura Municipal aún hoy en día, atiende aspectos que eran similares hace más de 400 años en los cabildos de San Juan y San Germán. El sistema democrático se hizo más evidente a principio del siglo XX y el sistema de ordenamiento se sistematizó mucho más. La historia de nuestro pueblo debe tener presente, que, a lo largo de las últimas décadas, el cuerpo municipal fue la mano derecha de los administradores ejecutivos del Municipio de Coamo.

La oficina del Alcalde a lo largo del siglo XX y XXI, ha expuesto los proyectos en la Asamblea y la Legislatura Municipal, pero estos últimos son los encargados de estudiarlos para el bien de nuestro pueblo.

Se debe añadir que los ciudadanos pueden peticionar proyectos en la Legislatura Municipal y/o a través de los legisladores, estos últimos lo analizan en el foro, de ser aprobados son presentados al primer ejecutivo para su aprobación. Prácticamente, la autorización de los proyectos municipales es un trabajo en equipo entre la oficina del Alcalde y la Legislatura Municipal.

Tampoco se puede olvidar que la posición de Legislador Municipal es un puesto que no recibe paga de sueldo, pero aun así, estos realizan su función con gran esmero en cada Sesión Ordinaria y Extraordinaria.[79] Hablar de la historia de la Legislatura Municipal es también hablar de la historia de Coamo. A continuación, un listado de los presidentes del cuerpo municipal en los últimos 115 años.

Presidentes de la Asamblea, 1900-2023[80]

1900-1908: Clotilde Aponte.

1911-1919: Lorenzo Berly.

1920-1924: José Picó Matos.

1924-1928: Manuel Aguilú.

1933-1936: José Picó Matos

1937-1940: Erasmo Santiago.

1941-1944: Antonio Padilla.

---

[79] Los Legisladores Municipales por la estipulación de las leyes vigentes, pueden recibir una cuota por su asistencia a las sesiones ordinarias, extraordinaria y reuniones de comisión. Ese pequeño ingreso se le conoce como dieta. Cada legislador tiene su propia profesión diurna y también tienen deberes como ciudadanos, la mayoría de las sesiones son realizadas en la noche.

[80] Estos fueron las siguientes fuentes: Archivo General de Puerto Rico, Documentos Municipales, Coamo, Caja, 8, 14, 31, 50 y 51. Archivo de la Legislatura Municipal, Ordenanzas, Resoluciones y Actas. 1942-1984. Libros 20-41. Archivo de la Legislatura Municipal, Actas, 1987-2014. Archivo de la Legislatura Municipal, Ordenanzas y Resoluciones, 1984-1985. *El Mundo de Puerto Rico*, sábado, 11 de febrero del 1950, pág. 16.

1944: José Felipe Zayas, entró por vacante.

1945-1946: Ángel Pedro Larrauri.

1946-1948: Ramón Torres.

1949-1950: Carlos Zayas Rivas.

1950-1956: Ramón J. Dávila, entró por vacante.

1957-1960: Ángel Pedro Larrauri.

1961-1964: Martín Alvarado Martínez.

1965-1968: Víctor Berlingeri.

1969-1972: Cristino Rodríguez.

1973-1976: Zoilo Burgos.

1977-1978: Julio Rivera Bermúdez.

1978-1980: William Muñoz Collazo, entró por vacante.

1981-1982: Jorge Correa Martínez.

1982-1988: Israel Zayas Olivieri, entró por vacante.

1989-1992: Ángel L. Santiago.

1992: Edgardo Vázquez Soto, entró por vacante.

1993-1996: Ángel R. Barreto Rodríguez.

1997: Gilberto Rivera, renunció.

1997-2000: Jesús M. Rivera Sánchez, entró por vacante.

2001-2006: Víctor Flores Colón

2006-2008: Luis A. Muñoz de Jesús, entró por vacante.

2009-presente: Damaris L. Figueroa Santiago.

EXPRESIDENTES DE LA LEGISLATURA MUNICIPAL EN LA
PRESENTACIÓN DE LA PRIMERA EDICIÓN DEL LIBRO DE LA
HISTORIA DE LA ENTIDAD. NOVIEMBDRE DEL 2015

LEGISLADORES MUNICIPALES EN TALLER SOBRE EL PROGRAMA DE
METADONA CON SRA. JANNETTE PIAZZA TORO; DR. LUIS LÓPEZ
CASTRO, MD. DIRECTOR CLÍNICO; Y LA DRA. DORIS FLORES
OLIVERAS, PHD, PSICÓLOGA CLÍNICA QUE SON PARTES DE LOS
PROFESIONALES DE LA SALUD DE ASSMCA EDUCANDO SOBRE EL
TRATAMIENTO DE METADONA Y OTROS SERVICIOS.
12 DE FEBRERO DEL 2019

EL MUNICIPIO DE COAMO SE UNE AL PROYECTO DEL
DEPARTAMENTO DE RECREACIÓN Y DEPORTES Y SER
DE PUERTO RICO CON EL "JARDÍN DEL AUTISMO" CREADO
EN LOS PREDIOS DEL ESTADIO PEDRO MIGUEL CARATINI.
GRACIAS A NUESTRO LEGISLADOR MUNICIPAL, HONORABLE
DANIEL JR. TORRES MARTINEZ POR LA INVITACIÓN.
28 DE MARZO DEL 2021

Aprobación de proyectos en la Asamblea

En este apartado presentaremos los proyectos aprobados por nuestro cuerpo legislativo municipal a lo largo del siglo XX y XXI. Es meritorio indicar a nuestros amigos lectores, el papel que ejerce la Legislatura Municipal a la hora de estudiar los proyectos sometidos. Primeramente, todo proyecto debe ser estudiado por los asambleístas, quienes también pueden realizar vistas públicas para conocer el sentir de la gente, así como buscar otros métodos que sean eficientes. Luego de presentados todos los puntos referentes al proyecto, los asambleístas emiten un voto que puede ser de aprobación o desaprobación. Cuando la medida es aprobada, es firmada por el presidente(a) y el secretario (a), y luego es enviada al ejecutivo para su firma final.

Cuando analizamos el estudio documental de los pasados cien años, claramente, se puede apreciar que los asambleístas, eran los encargados de someter reglamentos para regular el orden en el área del centro del pueblo y lugares exteriores del conglomerado urbano.[81] Se debe indicar que antes del 1961, las comisiones permanentes, se encargaban de estudiar los proyectos que estaban relacionados con la Sanidad y Beneficencia, Hacienda, Instrucción y Reglamento.[82]

Después de la década del 1960, el crecimiento demográfico en el área urbana de nuestra Ciudad hizo que se desarrollaran otras comisiones permanentes. Ejemplo de ello fue que a

---

[81] Archivo General de Puerto Rico, Documentos Municipales, Coamo, 50 y 51. Archivo de la Legislatura Municipal, Coamo, Ordenanzas, Resoluciones y Actas, 1942-1985, Libros 20-41. Archivo de la Legislatura Municipal, Coamo, Actas, 1987-2015.
[82] Archivo de la Legislatura Municipal, Coamo, Ordenanzas, Resoluciones y Actas, 1942-1944, Libros 20, Folio 282- 283.

finales de la mencionada década existían las comisiones de lo Jurídico y Relaciones Públicas; Ornato y Obras Públicas; Hacienda y Sanidad; Instrucción y Beneficencia.[83]

Para mediados de la década del 1990, las comisiones constituidas eran la de Jurídico y Reglamento; Planificación, Obras Públicas y Tránsito; Hacienda, Sanidad y Beneficencia; Instrucción, Cultura y Ornato; Recreación, Deporte y Juventud.[84]

Prácticamente seis comisiones englobaban una serie de tareas que antes se daban por separado en la Asamblea Municipal. En la actualidad hay doce comisiones y cada legislador de la Mayoría es presidente de una comisión.[85] Esto es explicado como una reacción al crecimiento que ha experimentado Coamo durante los últimos cien años. El desarrollo del pueblo lleva a la Legislatura Municipal ha constantemente estar evolucionando y reorganizándose para poder satisfacer los aspectos importantes de la vida de los ciudadanos de Coamo.

El éxito del alcalde o de la administración municipal, es en parte gracias a los legisladores municipales. Prácticamente, a lo largo del último siglo, la Asamblea Municipal y el Alcalde, han trabajado como un equipo, en que ambos, para poder funcionar necesitan complementarse uno con el otro. Este trabajo dual, aún se hace hoy en día con gran esmero.

---

[83] Archivo de la Legislatura Municipal, Coamo, Ordenanzas, Resoluciones y Actas, 1969-1970, Libros 33, Folio 131.

[84] Archivo de la Legislatura Municipal, Coamo, Actas, 1992-1993, Acta de febrero del 1993.

[85] Las comisiones son las siguientes: (1) Asuntos Ambientales y Bienestar Social, (2) Asuntos del Contralor, Ética Gubernamental y Auditoria, (3) Económico, (4) Educación, Arte y Cultura, (5) Hacienda y Presupuesto, (6) Jurídico y Reglamento, (7) Juventud, Recreación y Deportes, (8) La Montaña, (9) Nombramientos, (10) Obras Públicas y Tránsito, (11) Salud y (12) Seguridad y Orden Público.

En las últimas décadas, específicamente, desde el principio del siglo XX en nuestro municipio se han hecho un sin número de proyectos, todos ellos aprobados por los miembros del Consejo, Asamblea y Legislatura Municipal. Debido a la gran cantidad de medidas, nos limitaremos a solo mencionar una selección de obras que se han hecho para nuestra ciudadanía, que, a nuestro entender, son las de mayor importancia para los habitantes de Coamo.

La primera de ellas fue la autorización de la Asamblea Municipal para poner el sistema de alumbrado en el área del pueblo en el año 1919.[86] Este fue el primer paso para la llegada de la energía eléctrica a nuestro pueblo sin necesidad de planta eléctrica.

En el mes de noviembre del 1922, los miembros de la Asamblea aprobaron un préstamo para hacer los siguientes proyectos: construcción de una casa municipal "alcaldía", construcción de una casa escuela de 19 salones para grados altos "escuela Florencio Santiago", ampliación del acueducto y el hospital municipal, la construcción de un parque atlético, construcción en la plaza recreo "plaza municipal" y pago de un préstamo al señor Florencio Santiago.[87] Estos proyectos revitalizaron y transformaron el casco urbano. Se debe indicar que en esta época no había un alcalde en propiedad.

Para inicios de la década de 1930 se asignó ayuda y suministro de agua al Colegio Nuestra Señora de Valvanera.[88]

---

[86] Archivo General de Puerto Rico, Coamo, Asamblea Municipal, Actas y Certificaciones, Caja 48, Legajo 1079. La aprobación fue del 26 de agosto del 1919.

[87] Ibíd., legajo 75. No se indica la razón para pagar el préstamo a la persona referida.

[88] Archivo de la Legislatura Municipal, Coamo, Ordenanzas, Resoluciones y Actas, 1942-1944, Libro 20, Folio 111-116. El contrato del cura párroco con el Municipio y una comisión de la Asamblea Municipal fue firmado el día 5 de febrero del 1931. El colegio empezó con 23 niños pobres, su misión en ese momento era ofrecer educación gratuita a los estudiantes de bajos recursos en el centro urbano.

La asistencia del municipio y los asambleístas fue clave para que el colegio pudiera desarrollar unas bases sólidas que lo ayudarían en el desarrollo de un sistema educativo alterno para los coameños. Este centro de enseñanza aún existe hoy en día.

En la década del 1940, se hizo la construcción y ampliación de una carretera que unía al pueblo de Coamo con el barrio de Hayales, "carretera número 155". Antes de esta construcción, los ciudadanos tenían que viajar hasta Aibonito, luego pasar por Barranquitas, para poder llegar al mencionado barrio.

A su vez en la década del 1950, se aprobó la construcción de la carretera que iba del barrio Pedro García al pueblo de Orocovis, otra carretera construida fue la que llegaba al centro del barrio Pulguillas.[89] Antes del período mencionado, la comunicación del Municipio de Coamo con esos barrios montañosos era mucho más difícil, la construcción de estos proyectos permitió que las personas de estos barrios pudiesen venir más cómodamente al centro urbano.

En la década de 1960 se aprobó la construcción de las calles externas del pueblo con su acera y desagüe de agua, entre estas se hicieron las siguientes: calle Varsovia "El Cerro", Vega Puente, Zambrana, La Playita "Dr. Veve", barriada Los Potes, Buenos Aires y calle Isla Verde. También el camino hacia el barrio Palmarejo.[90] En el barrio Coamo Arriba se hizo un puente colgante. En los sectores de Río Jueyes, Sabana Hoyos y San Diego se aprobaron hacer caminos con desagüe

---

[89] Archivo de la Legislatura Municipal, Coamo, Ordenanzas, Resoluciones y Actas, 1951-1953, Libro 24, Folio 125-128.
[90] Archivo de la Legislatura Municipal, Coamo, Ordenanzas, Resoluciones y Actas, 1960-1963, Libro 29, Folio 94.

de agua o acueducto.[91] A finales de este periodo histórico, se aprobó la bandera y el sello oficial del municipio.[92]

Todo esto nos lleva a ver como la Asamblea Legislativa Municipal promovía el progreso, tanto del casco urbano como de los barrios de Coamo.

En la década del 1970, se aprobaron la rehabilitación del sector San Antonio y la ampliación de las barriadas Vega Puente, Playita y Zambrana, la construcción y modernización de los baños de aguas termales, la construcción de una nueva ruta de tránsito para aliviar los sectores de Turquía, Hoyo Dulce, Santa Ana y San Diego.[93] A esto hay que añadir la aprobación para la construcción de un parque atlético en el Barrio Coamo Arriba y construcción de canchas de baloncesto en los barrios de Hayales y Palmarejo.[94] Debemos mencionar que anterior a esta fecha en esos barrios no existían facilidades deportivas.

A finales de la década del 1980, se aprobó la declaración oficial del Himno de Coamo, compuesta por Manuel Torres Tapia. También se respaldó el mejorar la zona histórica de Coamo[95], demostrando un compromiso de los asambleístas y del municipio por el desarrollo de la cultura.

En la década del 1990, se reconstruyó la plaza y se amplió la zona oeste de esta última. Se aprobó una ordenanza en donde se declaraba oficialmente los siguientes símbolos:

---

[91] Ibíd., Folio 249.

[92] Archivo de la Legislatura Municipal, Coamo, Ordenanzas, Resoluciones y Actas, 1969-1970, Folio 335-337 y 442-444.

[93] Archivo de la Legislatura Municipal, Coamo, Ordenanzas, Resoluciones y Actas, 1971-1974, Libros 35, Folio 323-328.

[94] Ibíd., Folio 485-488.

[95] Archivo de la Legislatura Municipal, Coamo, Actas, 1989-1988. Acta núm. 22, 13 de junio del 1989.

Árbol de Violeta, Flor la Trinitaria y el ave la Reinita.[96] Los legisladores emitieron un reconocimiento a los voluntarios por la emergencia causada por el huracán Georges.[97] Se aprueba también en el cuerpo legislativo municipal, una serie de donativos a ciudadanos, para fomentar el deporte.[98]

En la década del 2000, el desarrollo de un ambiente dirigido a la exposición de la cultura se autorizó arrendar varios quioscos ubicado en el Boulevard Piel Canela, Plaza Pública, Plaza del Mercado y Mirador Cerro Picó, esto dirigido a promocional la economía local.[99] Siguiendo una política dirigida a incentivar los deportes, se aprueban las mejoras al parque Pedro Miguel Caratini.[100]

Con el desarrollo de la economía, también se da la necesidad de mantener centros urbanos poblados cerca de los puntos comerciales, es por ello por lo que se autoriza la venta de varios solares municipales, para la construcción y desarrolló de viviendas cerca del casco del pueblo.[101] Dentro del desarrollo urbano, también se autoriza al alcalde, Hon. Juan Carlos García Padilla administrar el desarrollo de 47 unidades de vivienda en el barrio Cuyón.[102] En la actualidad estos proyectos están terminados y han permitido que

---

[96] Archivo de la Legislatura Municipal, Coamo, Ordenanzas, 1995-1996, Ordenanza, núm. 31, 3 de abril del 1996.

[97] Archivo de la Legislatura Municipal, Coamo, Actas, 1998-1999. Acta núm. 6, 1 de octubre del 1998.

[98] Ibíd. el donativo era para unos jóvenes llamados Guillermo Torres y Félix Caratini, para ingresar a Puerto Rico Baseball School.

[99] Archivo de la Legislatura Municipal, Coamo, Ordenanzas, 2004-2005. Ordenanza núm. 12, 6 de julio del 2004.

[100] Archivo de la Legislatura Municipal, Coamo, Libro de Registros de proyectos sometidos a la Legislatura Municipal, 2001-2013, folio 186.

[101] Archivo de la Legislatura Municipal, Coamo, Actas, 2008-2009. Acta núm. 19, 3 de junio del 2009.

[102] Archivo de la Legislatura Municipal, Coamo, Actas, 2009-2010. Acta núm. 10, 5 de noviembre del 2009.

nuestro pueblo haya experimentado un crecimiento demográfico en las zonas mencionadas. En la actualidad se trabajaban con otros proyectos de vivienda en la zona urbana.

Otra medida de mucha importancia es la aprobación para la implementación de las Empresas Municipales, entre ellas: Teatro Hollywood, Centro de Convenciones, Gasolinera Total y las Piscinas de Aguas Termales.[103] Este modelo de negocio ha revitalizado el comercio del casco urbano y fomentado la creación de nuevos empleos.

Es meritorio mencionar que, desde la Legislatura Municipal, en el año 2011, se coordinó el Día Nacional de hacerse la Prueba del VIH, cuyas pruebas fueron hechas en las facilidades de la legislatura. También la oficina legislativa es parte del programa "Actívate, Coamo te quiere Saludable". Además, todos los miembros ayudaron en la recaudación de fondos para adquirir un equipo tecnológico del nuevo Centro Cardiovascular del Hospital Menonita de Cayey. Todo esto indica, el gran compromiso que tienen los legisladores municipales por la salud del pueblo. Se denota el compromiso de los miembros de las Legislatura Municipal aún en las actividades internas y extracurriculares.[104]

Es importante mencionar que fue la Legislatura Municipal quien declara noviembre como mes Municipal de la Conmemoración de la Bandera, Escudo e Himno de nuestro

[103] Archivo de la Legislatura Municipal, Coamo, Actas, 2009-2013.

[104] En los pasados años, la Legislatura Municipal recibió varios logros, entre estos los siguientes: Reconocimiento de la Asociación de Legisladores Municipales a la local como una entidad que promueve el fortalecimiento a la oficina principal; Reconocimiento por la entidad Coalición para un Puerto Rico Libre de Humo, por ser una de las primeras legislaturas en aprobar ordenanza para exhibir la rotulación en los puntos de venta de cigarrillo y sobre los efectos negativos de fumar; la distinción de ser invitados especiales de la Logia R.I. Fiat Lux a una Tendida Blanca, era la primera vez que se invitaba a cuerpo legislativo coameño a ese tipo de actividad.

pueblo.[105] Este tipo de medida fomenta el estudio de la cultura de nuestro municipio en las escuelas locales. Sin olvidar que la aprobación de la Resolución Interna, "Conoce tu Legislatura Municipal" aprobada en febrero del 2016, es un proyecto innovador en nuestro pueblo, enfatizado a que los estudiantes de Coamo conozcan más las funciones de la Legislatura Municipal.[106] Estos proyectos de enseñanza, ayuda a nuestros jóvenes a entender los aspectos de legislación municipal.

En los pasados siete años otros nuevos proyectos de infraestructura han llegado a nuestro pueblo con gran utilidad, entre estos; la rotonda ubicada en lo que una vez fue el semáforo que divide a la PR 14 y PR 153, la "La Ciclo Vía" y la nueva egida inaugurada a finales del año 2022. Estos proyectos financiados con acuerdos entre el gobierno estatal y federal han sido seguidos de cerca por los miembros de la legislatura. Varios de sus miembros estuvieron presentes desde el proceso de colocar la primera piedra hasta la inauguración oficial de las facilidades. En cual esto demuestra compromiso en velar que esos trabajos fuesen realizados para el bien de nuestro pueblo.

Un aspecto que no se debe pasar es que en los últimos seis años el pueblo de Coamo ha sido afectado por varios desastres naturales. Los huracanes Irma, María y Fiona, los temblores del 2020 y la epidemia del COVID-19 han sido ejemplo de eso. La Legislatura Municipal como mano amiga, aprobó legislacion para agilizar los fondos de emergencia.

[105] Archivo de la Legislatura Municipal, Coamo, Ordenanzas, 2013-2014, Ordenanza núm. 36, 15 de mayo del 2014.

[106] Archivo de la Legislatura Municipal, Coamo, Ordenanzas, 2015-2016, Resolución interina núm. 7, 3 de febrero del 2016.

después del paso María.[107] Sus miembros ayudaron en la repartición de artículos de primera necesidad como así alimentos preparados al momento.[108] Algo similar ocurrió durante la primavera del 2022, época en donde estaba en gran auge el COVID-19, muchos compueblanos refugiados en las casas se les hacía difícil ir a las tiendas a comprar comestibles. Los legisladores municipales con el personal del municipio fueron casa por casa y se repartieron compras con productos de primera necesidad.[109] En tiempos difíciles la Legislatura Municipal ha estado todo el tiempo presente para ayudar.

Un renglón que ha sido importante desde las pasadas décadas son los proyectos relacionados con el fomento deportivo en las comunidades. Un ejemplo son las aportaciones que se han hecho para ayudar a las ligas infantiles como así a los grupos comunitarios que organizan torneos en sus barrios. Además, se debe indicar que en la Legislatura Municipal es la que da la aprobación al Alcalde de hacer proyectos de envergadura para hacer nuevas facilidades deportivas. Un ejemplo de eso, fueron las mejoras al viejo velódromo para convertirlo en cancha de soccer.[110] Esto ha hecho que este deporte sea practicado por la juventud de Coamo y pueblos adyacentes. Es una de las pocas facilidades en el área sur que son viables para que celebren torneos de soccer.

Una de las medidas de gran importancia son las que tienen que ver con lo ecológico. Desde hacen varios años se han

---

[107] Archivo de la Legislatura Municipal, Coamo, Ordenanzas, 2015-2016, Resolución Núm. 30, 7 de febrero del 2018.
[108] Testimonio del autor Luis Caldera Ortiz.
[109] Ibid.
[110] Archivo de la Legislatura Municipal, Coamo, Ordenanzas, 2016-2017, Ordenanza 11, núm. 7, 3 de agosto del 2016. El proyecto se hizo por administración.

aprobado múltiples ordenanzas dando autorización para que se coloquen letreros de "no arrojar basuras" en diversos sectores y barrios de Coamo. Algunos de estos sitios son el sector La Vega del barrio Coamo Arriba, en la cercanía del río Coamo, en la cancha del Cerro (Varsovia), en la calle Tamarindo y en el sector Río Jueyes.[111] Hay una gran cantidad ordenanzas dando la autorización la colocación de estos letreros en diversos puntos de Coamo. También hay que indicar que proyectos como "Mi Escuela Recicla" y "Bioma" fueron aprobados para motivar a la juventud de Coamo a proteger el ambiente.[112] Esas dinámicas crearon conciencia entre los participantes. En el año 2011, los Legisladores junto al alcalde y los empleados municipales visitaron casa por casa en la campaña de intercambio de bombillas incandescentes por bombillas LED. Además, se aprobó la Resolución Número 13, Serie 2012-2013 que prohíbe el uso de cenizas de carbón como material de relleno y construcción.

Luego de ofrecer este insumo de los proyectos aprobados en la Asamblea y Legislatura Municipal, se puede decir que hablar de la historia del crecimiento urbanístico y de los barrios, también es hablar de la historia de la Legislatura Municipal de Coamo. A lo largo de las décadas, la otorgación de usufructo "solares municipales", reglamento de seguridad

---

[111] Archivo de la Legislatura Municipal, Coamo, Ordenanzas, 2014-2015, Ordenanza Núm. 24, 6 de mayo del 2015.
Archivo de la Legislatura Municipal, Coamo, Ordenanzas, 2014-2015, Ordenanza Núm. 18, 4 de marzo del 2015.
[112] Archivo de la Legislatura Municipal, Coamo, Ordenanzas, 2014-2015, Ordenanza Núm. 8, 1 de octubre del 2014.
Archivo de la Legislatura Municipal, Coamo, Ordenanzas, 2015-2016, Resolución Núm. 17, 7 de septiembre del 2016. Este proyecto "Bioma" consistió en que los estudiantes que estuviesen entre el cuarto grado elemental hasta cuarto año de superior se le iba dar un incentivo por la cantidad de aceite que llevaran al reciclaje de la escuela.

y otorgación de reconocimientos cívicos, deportivos y culturales, son aspectos que aún se hacen hasta el día de hoy en la Legislatura Municipal. Mencionar todos los proyectos de los últimos 100 años, es meritorio para otro trabajo aparte. Estamos seguros de que, en el futuro de la Legislatura Municipal junto con el Ejecutivo, van a seguir trabajando proyectos que son para el bien y el engrandecimiento de nuestra cuidad de Coamo.

PRESIDENTE, DAMARIS L. FIGUEROA SANTIAGO JUNTO AL REPRESENTANTE ENRIQUE E. MELÉNDEZ ORTIZ REPARTIENDO COMIDA CALIENTE DESPUÉS DEL PASO DEL HURACÁN MARÍA EN EL 2017.

GRUPO DE LEGISLADORES MUNICIPALES JUNTO A EMPLEADOS
DEL MUNICIPIO PREPARÁNDOSE PARA REPARTIR AGUA POTABLE
DESPUÉS DEL PASO DEL HURACÁN MARÍA. EN LA FOTO LA SRA.
RAQUEL RODRIGUEZ Y LOS HONORABLES LOURDES L. ARCE,
DAMARIS FIGUEROA Y FRANCISCO CRUZ .

MOMENTO DE LA COLOCACIÓN DE LA PRIMERA PIEDRA DE LA
ROTONDA DE COAMO, INT. PR-138 Y PR-153. SEGUNDA A LA EXTREMA
IZQUIERDA LA HONORABLE AITZA L. MARTÍNEZ MARTÍNEZ. 2016

CONCEJALES, ASAMBLEÍSTAS Y LEGISLADORES MUNICIPALES EN EL PUEBLO DE COAMO EN LOS SIGLOS XX Y XXI.

En este apartado ofreceremos al lector un listado perteneciente a los miembros del cuerpo electivo de la Asamblea Municipal, específicamente de los siglos XX y XXI. En los listados se incluyen los miembros elegidos y los que ocuparon sillas vacantes. Sobre los listados anteriores al siglo XX, muchos de estos se han perdido o no han estado disponible.[113]

Asambleístas y Concejales Municipales, 1900-1940.[114]

Alcaldes: Manuel Betances (1900-1910), Herminio W. Santaella (1911-1914) y Ramón Aguilú (1915-1918). **Asambleístas y concejales:** Clotilde Aponte (presidente, 1900-1908), Fernando Rivera (1903), Pedro Lafebre (1903),

---

[113] La gran mayoría de la información es obtenida de las actas que se encuentran en el Archivo de la Legislatura Municipal, la datación es a partir del año 1942 hasta el presente. Antes de eso, hemos hecho una investigación profunda en el Archivo General de Puerto Rico para buscar nombres de componentes del Consejo Municipal y luego Asamblea Municipal. Los primeros 19 libros de actas y ordenanzas se encuentran perdido hoy en día, estamos seguro de que en la época en que Ramón Rivera Bermúdez escribió su Tomo 1 de *Historia de Coamo* (1980) pudo consultar esos libros.

[114] Archivo General de Puerto Rico, Documentos Municipales, Coamo, Caja 14, exp. 272 y 275. Archivo General de Puerto Rico, Documentos Municipales, Coamo, Caja 8, exp. 155. Archivo General de Puerto Rico, Documentos Municipales, Coamo, caja 32, exp. 751. Archivo General de Puerto Rico, Documentos Municipales, Coamo, Caja 48, leg. 1066. Archivo General de Puerto Rico, Documentos Municipales, Coamo, Caja 50, leg. 2002. Archivo General de Puerto Rico, Documentos Municipales, Coamo, Caja 51. Leg. 2033 y 2052. Ramón Rivera, Bermúdez, *Historia de Coamo...*, pág. 421-430. Los nombres en la lista se pueden repetir.

Valenciano Rodríguez (1903), Ramón Aguilú (vicepresidente, 1907), Gumersindo Rodríguez (1907), Juan J. Gierbolini, Lorenzo Berly (presidente, 1911-1919), Cristóbal Pico (1915-1918), José F. Díaz (1915-1918), Valentín Burgos (1915-1918), Manuel J. Rivera (1915), Ramón León (1915-1918), Gabriel Betances (1915), José Pico Matos, presidente (1919-1924), Juan Vega Norat (1922), Ramón León (estuvo en el cuerpo previamente), Alfonso Suro (1922), Erasmo Santiago (estuvo en el cuerpo previamente), Alfonso Quintana (1922), Juan Passalacqua Palmieri (1922), Manuel Aguilú (presidente 1924), Davate Rivera (vicepresidente 1924), Luis Ortiz (1924), Ortiz Guzmán(1924), Adolfo Gierbolini (1924), Ramón Aguilú (1924, estuvo en el cuerpo previamente), Francisco Anselmi (1924), Enrique Colombary (1924) y Arturo de la Cruz (1924). **Asambleísta que entraron por vacante**: Trinidad Santiago (1915-1918) y Erasmo Santiago (1915-1918).

Alcalde: (1933-1936) Segundo Bernier.
Asambleístas y concejales: José Picó Matos (presidente, 1933), Juan P. Rodríguez (vicepresidente, 1933), Emilia Labastide de Aguilú (1933), Isidro Arjona (1933), E.M. Colón (1933), Calixto Santiago (1933), Pedro Gomes (1933), Pablo Velázquez (1933) y Ernando Zambrano (1933).

Alcaldes: (1937-1940)María Isabel Colón Picó y Calixto Santini.
Asambleístas y concejales: Erasmo Santiago (presidente 1939), Eleuterio Andino (vicepresidente 1939), H. Peerg (1939), Manuel B. Aguilú (1939), Justino Irizarry (1939), Pedro Rodríguez (1939), Juan Vega Norat (1939), Felipe Colón Hernández (1939) y Félix Ortiz (1939).

Listado de Asambleístas, 1942-1960[115]

Alcalde electo: (1941-1944) Manuel J. Rivera y Antonio Padilla (por vacante).

Asambleístas electos en comicios: (1941-1944) Antonio Padilla (Presidente), José Felipe Zayas (vicepresidente), Epifanio Santiago, Diego Santini, William Fuentes, Manolo Olivieri, Justo Zayas, Dr. José Torres Cintrón, Pablo Colón **Asambleísta que entraron por vacante**: (1941-1944) Antonio Vizcarrondo, Indergencio Colón, Arturo Torres, Ramón J. Dávila, Cristóbal Dueño y Gudelina Hernández.

Alcalde electo: (1945-1948) Carlos Zayas.

Asambleístas electos en comicios: (1945-1948) Ángel P. Larrauri (presidente), Ramón Torres (vicepresidente), María Luisa Cartagena, Carlos Rodríguez, Cristóbal Dueño, Diego Santini, Juan R. Iglesias, Miguel León, Luis Febus **Asambleístas que entraron por vacante:** (1945-1948) Ramón J. Dávila e Ismael Quezada.

Alcalde electo: (1949-1950) Carlos Vázquez Pérez.

Asambleístas electos en comicios: (1949-1950) Carlos Zayas Rivas (presidente), Félix Flores (vicepresidente), Luis Quezada, Rafael Quezada Aponte, José María Santiago, Domingo Berlingeri Morales, Teodoro Sánchez y Esteban Dueño Colón.

---

[115] Las siguientes fuentes han sido utilizadas: Archivo de la Legislatura Municipal, Coamo, Ordenanzas, Resoluciones y Actas, 1942-1960, Libro 20-28. *El Mundo de Puerto Rico*, sábado, 11 de febrero del 1950, pág. 16. *Enciclopedia Grandes mujeres de Puerto Rico*. Tomo 2. San Juan, 1980, pág. 377. Los nombres en la lista pudieran repetirse debido a que en ocasiones asambleísta han sido elegido varias veces en cuatrienios distintos o entraban por vacante.

Asambleísta que entraron por vacante: (1949-1950) No se identificaron vacantes en las fuentes consultadas.

Alcalde entró por vacante: (1950-1952) Hergemones Pérez.
Asambleístas electos en comicios: (1950-1952) Ramón J. Dávila (presidente), Angelita González de Pizarro, Andrés C. Rivera, Francisco Santini, Alonso Rubero, Julio Zayas, Teodoro Sánchez, Ramón Colón Miranda y Francisco Norat
Asambleístas que entraron por vacante: (1950-1952) No se identificaron vacantes en las fuentes consultadas.

Alcalde electo: (1953-1956) Carlos Zayas Rivas.
Asambleístas electos en comicios: (1953-1956) Ramón J. Dávila (presidente), Angelita González de Pizarro (vicepresidenta), José María Santiago, Rafael Mage Colón, Francisco Alvarado Norat, Amalio Rodríguez, Eugenio Soto Rodríguez, Justo Zayas Alvarado y Andrés C. Rivera
Asambleísta que entraron por vacante: (1953-1956) Gladis González, Jesús M. Colón, Francisco Santini, Jesús Colón Ramos y Juan Pablo Colón Rodríguez.

Alcalde electo: (1957-1960) Francisco A. Santini.
Asambleístas electos en comicios: (1957-1960) Ángel P. Larrauri (presidente), Ramón J. Dávila (vicepresidente), María G. de Vega, Eugenio Soto Nazario, Marcial Rodríguez, José Felipe Zayas, Esteban Dueño, Félix Torres y Cristino Miranda (no juramentó).
Asambleístas que entraron por vacante: (1957-1960) Felipe Reyes, Julio Reyes y Jacobo Gierbolini.

Listado de Asambleísta, 1961-1984[116]

Alcalde electo: (1961-1964) Rosa Ortiz Vda. de Rivera.

Asambleístas electos en comicios: (1961-1964) Martin Alvarado (presidente), Francisco Armando Ortega (vicepresidente), Julia Reyes Sánchez, Juan Rivera Ortiz (portavoz de la mayoría), Carlos Zayas Maldonado, Jacobo Gierbolini, Vicente Vizcarrondo (P.I.P), Bautista Alvarado Rivera, Félix Berlingeri Santiago, José Felipe Zayas, Augusto Reyes Rivera (P.E.R.), Juan Pérez Collazo (P.E.R.) y Brígido Díaz.

Asambleístas que entraron por vacante: (1961-1964) José M. Espada, Herminio Torres Muñoz, Zacarías Rivera, Jorge de la Cruz, Marco Mayoral, Esteban Dueño y Pascual Alvarado.

Alcalde electo: (1965-1968) Juan Rivera Ortiz.

Asambleístas electos en comicios: (1965-1968) Víctor Berlingeri (presidente), Pascual Maldonado (vicepresidente), Antonio Rafael Ortiz, Román Colón Correa, Jesús M. Colón, Modesto Rodríguez, Ramón Bonilla Martínez, Bautista Alvarado, Justino Rodríguez Mateo, Rosita Passalacqua, Luis F. Ramírez (P.A.C.), Virgilio Alvarado (P.E.R) y Edmundo Arroyo (P.E.R.).

Asambleístas que entraron por vacante: (1965-1968) Pedro Luna, Arturo Torres, Amador Santiago Vélez, Cristino Rodríguez y Juan Rivera Rolón.

---

[116] Se utilizaron las siguientes fuentes: Archivo de la Legislatura Municipal, Coamo, Ordenanzas, Resoluciones y Actas, 1960-1984, Libros 29-41. Los nombres en las listas se pueden repetir, es debido, a que algunos asambleístas fueron elegidos en distintos cuatrienios o entraban por vacante.

Alcalde electo: (1969-1972) Juan Rivera Ortiz.

Asambleístas electos en comicios: (1969-1972) Cristino Rodríguez (presidente), Pedro Luna (vicepresidente), Bautista Alvarado (portavoz de la mayoría), María Rivera de Cansobre, Amador Santiago, Justo Malavé Correa, Ramón Bonilla Martínez, Generoso Miranda (P.N.P.), Luis Mateo Molina, Víctor Torres (P.N.P. - portavoz de la minoría), Filomeno Alvarado Vega, Lic. Osvaldo Rivera (P.P), Rafael Ortiz Aponte y Matutina Mateo Reyes.

Asambleístas que entraron por vacante: (1969-1972) Francisco Rivera Flores y Ramiro Reyes Aponte.

Alcalde electo: (1973-1976) Francisco H. Ortiz.

Asambleístas electos en comicios: (1973-1976) Zoilo Burgos (presidente), Francisco Ortega (vicepresidente), David Colón (portavoz de la mayoría), Pedro Luna, Pedro A. Larrauri, Pablo Santiago, Juan Pablo de Jesús, Lourdes V. Torres Ortiz, Román Colón Correa, Graciela Torres, Santos Bermúdez, Nicolás Colón, Víctor M. Guzmán y Pedro H. Ruiz.

Asambleístas que entraron por vacante: (1973-1976) Dr. Adolfo Gierbolini y Johnny Santiago.

Alcalde electo: (1977-1980) Pedro Ramón Rivas.

Asambleístas electos en comicios: (1977-1980) Julio Rivera Bermúdez (presidente), Ramón Rivera Bermúdez (vicepresidente), Miguel A. Flores Colón, Carmen E. Mareau Miscalichi, Eladio Ortiz Soto, Ada L. Roselló Espada, Víctor M. Santiago Quiñonez, Filiberto Cartagena Colón, Ángel Rivera Matos, Juan Vega García, Roberto Rodríguez Santiago, Ismael S. Rivera Negrón, José A Valero Zayas y Adolfo L. Gierbolini.

Asambleístas que entraron por vacante: (1977-1980) Antonio Meléndez Negrón, Ramón Norat Zayas, José M. Espada, José A. Gierbolini, José E. Picó y William Muñoz Collazo.

Alcalde electo: (1981-1984) Ramón Norat Zayas.

Asambleístas electos en comicios: (1981-1984) Jorge Correa Martínez (presidente), Francisco Ortega (vicepresidente), Juan Pablo de Jesús, Leída Rivera Ortiz, Bautista Alvarado, Raúl Torres, Juan José Rivera Berrios, Violeta Reyes, Zoilo Burgos Avilés, Armando Collazo, Eligio Olivieri, William H. Muñoz, José A Miranda y Miguel A. Flores.

Asambleístas que entraron por vacante: (1981-1984) Carlos Rafael Torres, Israel Zayas Olivieri, Efrén García Muñoz, Manuel González Rodríguez, Víctor Cruz Rivera, José Luis Gierbolini, Rafael Rivera y Antonio Meléndez.

Listados de Asambleístas y Legisladores Municipales, 1985-2000.[117]

Alcalde electo: 1985-1988 - Ramón Norat Zayas.

Asambleístas elegidos en los comicios: 1985-1988- Israel Zayas (presidente), José L. Gierbolini (vicepresidente), Francisco Ortega, Bautista Alvarado, Gilberto Rivera, Dilia Santini, Juan Pablo de Jesús, Rafael Rivera, Manuel González, José A. Berly, Armando González, Ildefonso Ortiz, Víctor M. Cruz y Leída Rivera Ortiz.

---

[117] Se utilizaron las siguientes fuentes: Archivo de la Legislatura Municipal, Coamo, Ordenanzas, Resoluciones y Actas, 1982-1985, libro 41. Archivo de la Legislatura Municipal, Coamo, Ordenanzas, 1984-1985. Archivo de la Legislatura Municipal, Coamo, Actas, 1987-2000 (13 libros). Los nombres de algunos legisladores se pudieran repetir en las listas.

Asambleístas que entraron por vacante: 1985-1988 - Manuel González Rodríguez, Eva Bracero, Bernardo Vázquez Santos, Norma Cartagena de Olivieri, Hernán Torres y Jaime R. Valero.

Alcalde electo: 1989-1992, Carlos Luis Torres Santiago.
Asambleístas elegidos en los comicios: 1989-1992, Ángel L. Santiago (presidente), Virgen Espada Torres (vicepresidenta), Carlos Ortiz Correa (portavoz de la mayoría), Daisy Reyes Mateo, Luis A. Muñoz de Jesús, Paula Santiago Mateo, Leída Rivera Ortiz, Gloria Borges Valero, Francisco Rivera Flores, Jaime Santiago Espada, Edgardo Vázquez Soto, José M. Sánchez Colón, Aida Martínez Meléndez (portavoz de la minoría) y José A. Rivera González.
Asambleístas que entraron por vacante: 1989-1992, José G. Luna, Rafael Barreto Rodríguez, Israel Quiñonez Espada, Pascual Alvarado Losada y Milagros Borges Rivera.

Alcalde electo: 1993-1996, Carlos Luis Torres Santiago.
Legisladores Municipales elegidos en los comicios: 1993-1996. Ángel R. Barreto (presidente), Liduvina Rodríguez Vda. de Berlingeri (vicepresidenta), Hilda M. Nazario Santiago, Carmen M. Ocasio Emanuelli, Ida C. Zayas de Cruz, Víctor Caratini Espada, Arnaldo Colón Santiago, Juan Hernández Colón, Pascual Alvarado Lozada, Calixto Negrón Aponte, Francisco Rivera Flores, Rene Pabón Rojas, Daisy Reyes Mateo e Israel Quiñonez.
Legisladores que entraron por vacante: 1993-1996, Ángel L. Santiago y José G. Luna.

Alcalde electo: 1997-2000, Margarita Nolasco.

Legisladores Municipales elegidos en los comicios: 1997-2000, Gilberto Rivera (presidente), Ángel L. Cardona (vicepresidente), Sheila Cardona, Carmen A. Pratts, Esther M. Ortiz, Lucila Rivera, Pastora Espada, Calixto Negrón, Arnaldo Colón, José M. Sánchez, Jesús M. Rivera Sánchez, Amílcar González, Marina Luna e Irma Padró.

Legisladores que entraron por vacante: 1997-2000, Lionel Pérez Santiago y Rolando Cartagena Ramos, hijo.

Listado de Legisladores Municipales, 2001-presente.[118]

Alcalde electo: 2001-2004, Juan Carlos García Padilla.

Legisladores Municipales electos en los comicios: 2001-2004, Víctor Flores Colón (presidente), Santos David Feliciano (vicepresidente), Cecilia Santiago Mateo, Arnaldo Colón Santiago, Lourdes Arce Jiménez, Francisco Cruz Burgos, José A. Colón Ortiz, Raquel Rodríguez Rivera, Pastora Espada García, José A. Cruz de Jesús, Jesús M. Rivera, Carmen A. Pratts y Rolando Cartagena Ramos, hijo.

Legisladores que entraron por vacante: 2001-2004, Carmen L. Colón Padilla, José R. Torres Ramírez, David Miranda, Eva Bracero, Bernardo Vázquez Santos y José F. Rodríguez Díaz.

Alcalde electo: 2005-2008, Juan Carlos García Padilla

Legisladores Municipales electos en los comicios: 2005-2008, Víctor Flores Colón (presidente), Francisco Cruz Burgos (vicepresidente), Cecilia Santiago Mateo (Portavoz de la

---

[118] La siguiente fuente se utilizó: Archivo de la Legislatura Municipal, Coamo, Actas, 2001-2021.

Mayoría), Lourdes L. Arce Jiménez, Eva Bracero, Bernardo Vázquez Santos, Luis A. Muñoz de Jesús, José R. Torres Ramírez, Herenio Correa Rodríguez, Antonio Rivera Díaz, Carmen A. Pratts Colón, José A. Bonilla Colón, Carmen L. Colón Padilla y José R. Mateo Meléndez.

Legislador que entraron por vacante: 2005-2008, Ángel L. Martínez Santiago.

Alcalde electo: 2009-2012, Juan Carlos García Padilla.

Legisladores Municipales electos en los comicios: 2009-2012, Damaris L. Figueroa Santiago (presidenta), Francisco Cruz Burgos (vicepresidente), Carmen L. Colón Padilla, Abraham Rivera Rodríguez, Luis A. Muñoz de Jesús, Antonio Rivera Díaz, Lourdes L. Arce Jiménez, Bernardo Vázquez Santos, Herenio Correa Rodríguez, Ángel L. Martínez Santiago, Noel García Cancel, Mariano Matos Mariani, Marina Luna Rivera y Nelson Rodríguez Bonilla.

Legisladora que entraron por vacante: 2009-2012, Teresa Santiago Torres.

Alcalde electo: 2013-2016, Juan Carlos García Padilla

Legisladores Municipales electos en los comicios: 2013-2016, Damaris L. Figueroa Santiago (presidenta), Francisco Cruz Burgos (vicepresidente), Teresa Santiago Torres, Herenio Correa Rodríguez, Lourdes L. Arce Jiménez, Carmen J. Colón Colón, Aitza L. Martínez Martínez, Carmen L. Colón Padilla, Gabriel Franco Marrero, Noel García Cancel, Bernardo Vázquez Santos, Edwin J. Echevarría Ortiz, Luis R. Torres Borges, Ida E. Zayas Colón, Miguel A. Dávila Pérez y Rolando Cartagena Ramos (padre).

Legisladores que entraron por vacante: 2013-2016. No se identificaron vacantes en las fuentes consultadas.

Alcalde electo: 2017-2020, Juan Carlos García Padilla
Legisladores Municipales electos en los comicios: 2017 -2020, Damaris L. Figueroa Santiago (presidenta), Luis R. Torres Borges (vicepresidente), Teresa Santiago Torres, Carmen L. Colón Padilla, Francisco Cruz Burgos, Lourdes L. Arce Jiménez, Gabriel Franco Marrero, Aitza L. Martínez Martínez, Edwin J. Echevarría Ortiz y Carmen J. Colón Colón, Carlos A. Reyes Rivera, Raquel L. Rodriguez, Gilberto Rodriguez Padilla, Miguel A. Dávila Pérez y Merlyn J. Rivera Zayas.
Legisladora que entraron por vacante: 2017-2020, Neida L. Mateo Reyes.

Alcalde electo: 2021-presente, Juan Carlos García Padilla
Legisladores Municipales electos en los comicios: 2021-presente, Damaris L. Figueroa Santiago (presidente), Luis R. Torres Borges (vicepresidente), Teresa Santiago Torres, Francisco Cruz Burgos, Carmen L. Colón Padilla, Lourdes L. Arce Jiménez, Aitza L Martínez Martínez, Carmen J. Colón Colón, Edwin J. Echevarría Ortiz, Carlos A. Reyes Rivera, Raquel I. Rodriguez, Gilberto L. Rodriguez Rivera, Neida L. Mateo, Merlyn J. Rivera Zayas, Daniel Jr. Torres Martínez y Jose A. Bonilla Colón.
Legisladores que entraron por vacante: Al momento de esta publicación no hay una vacante por renuncia.

ASAMBLEA DE LA ASOCIACIÓN DE LEGISLADORES MUNICIPALES, DE IZQUIERDA A DERECHA: MIRIAM I. ROJAS (AUXILIAR DE SERVICIOS DE OFICINA), LOS HONORABLES FRANCISCO CRUZ, CARMEN COLÓN PADILLA , LUIS R. TORRES, DAMARIS L. FIGUEROA, NEIDA L. MATEO, TERESA SANTIAGO, EMERILDA TORRES
(SECRETRIA) Y EL CARLOS A. REYES. 9 DE OCTUBRE DE 2021

LA PRESIDENTA DE LA LEGISLATURA MUNICIPAL, DAMARIS L. FIGUEROA SANTIAGO, JUNTO AL ALCALDE Y LA LCDA. MÓNICA FREIRÉ FLORIT, DIRECTORA DE LA OFICINA DE SERVICIOS LEGISLATIVOS FIRMANDO UN ACUERDO COLABORATIVO CON LA OFICINA DE ASUNTOS LEGISLATIVOS, PARA QUE LOS CIUDADANOS TENGAN ACCESO A LAS ORDENANZAS MUNICIPALES APROBADAS. 19 DE JULIO DEL 2021

LA PRESIDENTA DE LA LEGISLATURA, MUNICIPAL DAMARIS L. FIGUEROA SANTIAGO ACOMPAÑA AL EQUIPO MARATONISTAS DEL BÉISBOL DOBLE A, EN LA CEREMONIA DE ENTREGA DE UNIFORMES DE LA TEMPORADA 2023. 11 DE FEBRERO DEL 2023

LEGISLADORES MUNICIPALES EN EL TALLER PROCESOS
LEGISLATIVOS PRESENTADO POR LA REPRESENTANTE DEL
DISTRITO 27, HON. ESTRELLA MARTÍNEZ SOTO Y EL REPRESENTANTE
HONORABLE HÉCTOR FERRER AÑADIENDO CONOCIMIENTO A SU
FUNCIÓN PÚBLICA EN BENEFICIO DE NUESTRA CIUDAD.
3 DE MAYO DE 2017

LEGISLADORES MUNICIPALES PARTICIPANDO DEL QUINTO
CONGRESO DE LEGISLADORES MUNICIPALES DEL SENADO DE
PUERTO RICO. 17 DE OCTUBRE DEL 2019

LA MUJER DENTRO DE LA LEGISLATURA MUNICIPAL

En este capítulo nos enfocaremos a ofrecer un recuento histórico de la presencia de la mujer dentro de la asamblea legislativa de nuestro municipio. Debemos recordar, que la mujer, de una forma u otra, ha sido parte del movimiento político a lo largo del siglo XX y XXI. Por consecuencia, la existencia de féminas que hayan sido electas para un escaño en el cuerpo legislativo municipal, la hace parte de los eventos y decisiones que se dieron en ella durante las últimas nueve décadas.

Durante la colonización española, el voto, era algo que estaba reservado para el hombre casado y con residencia permanente en la Isla. La mujer coameña no participaba en la elección del Alcalde Constitucional, ni tampoco por los delegados a las cortes españolas. Ese panorama se mantuvo inalterado a lo largo del siglo XIX. Bajo el mandato norteamericano, en las primeras décadas del siglo XX, se mantuvo el mismo panorama. A pesar de esto último, en el período previamente indicado, hubo una serie de movimientos a favor y en contra del voto femenino.[119] Es con la Ley 74 del 18 de abril del 1929 que se permitió el voto de la mujer alfabetizada en la Isla.[120] Es decir la dama que supiera leer y escribir tenía derecho a participar del sufragio.

Las elecciones del 8 de noviembre del 1932 son de carácter histórico en la historia de la mujer puertorriqueña. Es a partir de ese momento, y de manera legal, la fémina podía ejercer el

---

[119] María de Fátima Barceló Miller, *La Lucha por el sufragio femenino en Puerto Rico, 1896-1935*. San Juan, Ediciones Huracán, 2006, pág. 187-191.
[120] Ibíd., pág. 223.

voto y a su vez también podía correr para cargos electivos.[121] En el caso de nuestro pueblo de Coamo, las fuentes documentales de la época nos indican que la Sra. Emilia Labastide de Aguilú ocupó un cargo de Asambleísta Municipal.[122] Esto último se registró en el año 1933. La escasa documentación de la época que ha sobrevivido a las inclemencias del tiempo y al mal manejo y resguardo de los documentos, no nos permite decir con claridad, si esta señora estaba en la Asamblea Municipal mediante elección de sufragio o por vacante.

El 25 de mayo del 1935, el gobernador Blanton Winship, firmó la Ley que permitió el sufragio universal. Esto significaba que toda mujer coameña, sin importar su condición, podía votar libremente en las elecciones de su pueblo. Un aspecto sumamente interesante para la historia de nuestro pueblo es que la Sra. María Isabel Colón Picó ocupó el cargo de alcaldesa entre los años 1937 y 1939. Doña María Isabel Colón Picó era maestra de profesión y ocupó el cargo de alcaldesa debido a que hubo una vacante.[123]

---

[121] Ibíd., pág. 223-226. Según María de Fátima hubo muchas mujeres que no aparecieron en las listas de votar y por consecuencia no pudieron ejercer su voto. La reconocida activista en la época, Ana Roque Duprey, emitió su voto, pero no contó por razones técnicas. Sobre 130,000 mujeres se alistaron para votar en los comicios del año 1932, pero se teoriza que una gran cantidad de sufragio femenino no fue contando en las elecciones de la época. María Luisa Arcelay fue electa a la Legislatura Insular y fue la primera mujer en ocupar un escaño político en nuestra historia puertorriqueña.

[122] Archivo General de Puerto Rico, Documentos Municipales, Coamo, Caja 50, legajo 2002. La reunión de discusión de presupuesto en donde aparece el nombre la asambleísta es datada del día 20 de mayo del 1933. Hay grandes posibilidades de que esta señora era parte de la Asamblea Municipal mediante el sufragio. Es debido a que ese cuerpo solamente llevaba 4 meses en funciones con esos asambleístas.

[123] Archivo General de Puerto Rico, Documentos Municipales, Coamo, Caja 51. La alcaldesa enfatizó muchos proyectos para que se mejoraran los caminos hacia las escuelas y otros aspectos sobre la educación en Coamo.

Se debe indicar que la Sra. María Isabel, fue elegida por terna o sorteo entre los candidatos del partido republicano en Coamo, antes de la juramentación de los asambleístas en enero del 1937.[124] Todo esto nos lleva a pensar que, en esa época, ciertos renglones sociales de la mujer coameña, eran aceptados en el mundo de la política. Mucho más que ser aceptadas, eran mujeres que querían ser parte de la toma de decisiones y ayudar al bienestar de nuestro pueblo.

En la década del 1940, solo encontramos a dos asambleístas ocupando el cargo, estas fueron Gudelina Hernández Rodríguez[125] y luego a María Luisa Cartagena.[126] Para nuestro malestar, la documentación y fuentes consultadas simplemente registran sus nombres obviando otros aspectos de su vida política. Aunque esta situación nos podría llevar a pensar que la mujer no era un ente activo, su participación en la política coameña era algo latente y real.

Las actas de la época nos presentan a un grupo de mujeres comprometidas y de participación con el bienestar de su comunidad. Tal es el caso de María Luisa Cartagena, que

---

124 *El Mundo de Puerto Rico*, martes, 12 de enero del 1937, pág. 10. El mismo caso de elección se dio en Ponce, estamos seguro de que en el pueblo de Coamo se dio la misma situación. Se debe indicar que en esa época la Sra. Dolores Valdivieso fue elegida alcaldesa mediante el sufragio en el pueblo de Guaynabo y por consecuencia se convirtió en la primera mujer en ocupar un cargo de alcaldesa mediante elección por voto mayoritario. Sobre esto último véase *El Mundo de Puerto Rico*, martes, 12 de enero del 1937, pág. 5.

125 *Enciclopedia Grandes mujeres de Puerto Rico*. Tomo 2. San Juan, 1980, pág. 377. Según el libro María Luisa Cartagena fue asambleísta durante el periodo del 1940-1944. En las actas de la Asamblea Municipal, en el libro más antiguo, la composición del Cuerpo Municipal en el día 20 de marzo del 1942 no aparece la referida persona. Posiblemente, había renunciado para esa época. Sobre esto último véase Asamblea Municipal, Coamo, Ordenanzas, Resoluciones y Actas, 1942-1944, libro 20, Folio 4.

126 Archivo de la Legislatura Municipal, Coamo, Ordenanzas, Resoluciones y Actas, 1944-1947, libro 21, Folio 11.

pertenecía a la comisión de Renuncias y Nombramientos.[127] Para esa época, las comisiones no estaban presididas ni tenían un secretario.

En la década del 1950, específicamente, el día 13 de enero del 1953, la asambleísta electa María G. de Pizarro fue nombrada vicepresidente del mencionado cuerpo en el día inaugural.[128] Este hecho es algo trascendental ya que, María G. de Pizarro se convirtió en la primera mujer en ocupar la vicepresidencia de la Asamblea Municipal. Esta mujer estuvo en su cargo durante el cuatrienio y en ocasiones ocupó la presidencia accidental de la Asamblea, cuando faltaba el presidente.[129] Un aspecto interesante es que esta asambleísta fue parte de la aprobación de varios de los proyectos más importante que se dieron en la década del 1950. Sin duda alguna la mujer coameña ha sido parte importante en el crecimiento de Coamo. La época del cincuenta fue trascendental para la historia moderna de nuestro pueblo.

En los comicios del año 1960, fue elegida alcaldesa Rosa María Ortiz Vda. de Rivera, esta última se convirtió en la primera alcaldesa en ocupar el cargo por el sufragio local. Simultáneamente, la Ley del 21 de julio del 1960, hizo unas modificaciones importantes a la Asamblea Municipal, entre esos cambios fue la designación de un presidente en las comisiones permanentes. La primera mujer asambleísta en presidir una Comisión Permanente lo fue María Rivera de Cansobre, esta se encargó de la comisión que trabajaba la

---

[127] Archivo de la Legislatura, Coamo, Ordenanzas, Resoluciones y Actas, 1944-1947, libro 21, Folio 18.
[128] Archivo de la Legislatura Municipal, Coamo, Ordenanzas, Resoluciones y Actas, 1951-1953, libro 24, Folio 122.
[129] Archivo de la Legislatura Municipal, Coamo, Ordenanzas, Resoluciones y Actas, 1954-1956, libro 226, Folio 30-32.

Sanidad, la Instrucción y la Beneficencia.[130] Su nombramiento ocurrió en la sesión inaugural del 13 de enero del 1969. Los aspectos sucedidos en esta época nos reafirman la presencia de la mujer coameña en los temas de importancia de nuestro pueblo.

Con los años, según pasaban las administraciones locales, la presencia de la mujer en la Asamblea ha ido en ascendencia, especialmente, a partir de los noventa. Sin duda alguna, todas las damas que han formado parte del cuerpo municipal en las últimas décadas son parte importante en el crecimiento de nuestro pueblo.[131] Un ejemplo del aumento de la matrícula femenina, para el 2013, unas siete legisladoras municipales juramentaron al cargo y para el 2021, la cantidad fue de nueve.[132] Es decir que el 56% del cuerpo es compuesto por damas coameñas. Por lo que eso es un gran avance en comparación a medio siglo atrás.

Un aspecto sumamente interesante, es que, en la sesión inaugural del 12 de enero del 2009, la Honorable Damaris L. Figueroa Santiago, se convirtió en la primera mujer en convertirse presidenta de la Legislatura Municipal mediante

---

[130] Archivo de la Legislatura Municipal, Coamo, Ordenanzas, Resoluciones y Actas, 1968-1969, libro 33, Folio 117.

[131] Se debe indicar que la Sra. Ana Olivieri en las comisiones electorales del 1996 obtuvo más votos en comparación con Sr. Calixto Negrón (459) del partido Independentista. A pesar de que la Sra. Olivieri apeló a la Comisión Estatal de Elecciones, Calixto al pertenecer a un partido político fue favorecido. La ley electoral vigente, en aquel tiempo, establecía que la nominación directa debía sacar más votos que la menos del partido de mayoría. En aquellas elecciones la Sra. Carmen Ana Prats Colón obtuvo 9,516 votos y fue la menos que tuvo de los once del grupo de mayoría. En resumidas cuenta la Sra. Olivieri debía superar esos votos para que fuera certificada como Legisladora Municipal. A pesar de eso la Sra. Olivieri asistía a las reuniones y se llevaba su propia silla.

[132] Archivo de la Legislatura Municipal, Coamo, Ordenanzas, 2014-2015, acta núm. 12, Sección inaugural 11 de enero del 2021.

el voto. Eso significaba que luego de 76 años en que la primera mujer coameña ingresara a la Asamblea Municipal como miembro, es cuando se elige a una dama como presidenta en propiedad y eso sin duda alguna, es parte importante de la historia de Coamo.

A continuación, se ofrecerá un listado de las mujeres que han formado parte de la Asamblea y Legislatura local en los últimos 90 años:

Mujeres Asambleístas en el pueblo de Coamo, 1933-2023[133]

1. Emilia Labastide de Aguilú, 1933-1936
2. Gudelina Hernández Rodríguez, 1940
3. María Luisa Cartagena, 1945-1948
4. Angelita Gonzales de Pizarro, 1950-1952 y 1953-1956.
5. Gladis Gonzales de Flores, 1953-1954.
6. María G. de Vega, 1957-1960.
7. Julia Reyes, 1961-1964.
8. Rosita Passalacqua Mateo, 1965-1968.
9. María Rivera de Cansobre, 1969-1972.
10. Matutina Mateo Reyes, 1969-1972.
11. Lourdes V. Torres Ortiz, 1973-1975.

---

[133] Las siguientes Fuentes fueron las consultadas: Archivo General de Puerto Rico, Documentos Municipales, Coamo, Caja 50, legajo 2002. *Enciclopedia Grandes mujeres de Puerto Rico*. Tomo 2. San Juan, 1980, pág. 377. El Mundo de Puerto Rico, sábado, 11 de febrero del 1950, pág. 16. Archivo de la Legislatura Municipal, Coamo, Ordenanzas, Resoluciones y Actas, 1942-1984, Libros 20 al 41. Archivo de la Legislatura Municipal, Ordenanzas, 1984-1985. Archivo de la Legislatura Municipal, Coamo, Actas, 1987-1998. Archivo de la Legislatura Municipal, Coamo, 1998-2013. Se debe indicar que las mujeres del listado son a base de las fuentes consultadas; si en el futuro alguien cuestiona la falta de alguna dama entre las nombradas, nuestras más sinceras disculpas. Los años que aparecen en la lista indican el término juramentado, es importante mencionar que algunas entraron por vacante.

12. Graciela Torres, 1973-1976.

13. Carmen E. Mareau Miscalichi, 1977-1980.

14. Ada L. Roselló Espada, 1977-1980.

15. Violeta Reyes, 1981-1984.

16. Dilia Santini, 1985-1988.

17. Leída Rivera Ortiz, 1981-1990.

18. Norma Cartagena de Olivieri, 1987.

19. Eva Bracero, 1988 y 2002-2008

20. Virgen Espada Franco, 1989-1992.

21. Daisy Reyes Mateo, 1989-1995.

22. Paula Santiago Mateo, 1989-1991.

23. Gloria Borges Valero, 1989-1992.

24. Aida Martínez Meléndez, 1989-1990.

25. Milagros Borges, 1991.

26. Liduvina Rodríguez, 1993-1996.

27. Hilda M. Nazario Santiago, 1993-1996.

28. Carmen M. Ocasio Emanuelli, 1993-1996.

29. Ida C. Zayas de Cruz, 1993-1996.

30. Sheila Cartagena, 1997-2000.

31. Carmen A. Pratts, 1997-2004,

32. Esther M. Ortiz, 1997-2000.

33. Lucila Rivera, 1997-2000.

34. Pastora Espada, 1997-2004.

35. Marina Luna Rivera, 1997-2000 y 2009-2012.

36. Irma Padrón, 1997-2000.

37. Lourdes L. Arce Jiménez, 2000-presente.

38. Cecilia Santiago Mateo, 2001-2008.

39. Raquel Rodríguez Rivera, 2001-2004 y 2017-2022

40. Carmen L. Colón Padilla, 2003-2005-presente.

41. Damaris L. Figueroa Santiago, 2009-presente.

42. Teresa Santiago Torres, 2010-presente.

43. Carmen J. Colón Colón, 2013-presente.

44. Aitza L. Martínez Martínez, 2013-presente.

45. Ida E. Zayas Colón, 2013-2016.

46. Merlyn J. Rivera Zayas, 2017-presente.

47. Neida L. Mateo Reyes, 2017-presente.

EN EL INICIO DE LA SEMANA DE LA PUERTORRIQUEÑIDAD, LA LEGISLATURA MUNICIPAL Y LA OFICINA DE CULTURA Y TURISMO, CONVOCARON LAS CLASES GRADUANDAS SUPERIORES PARA LA ADOPCIÓN UN ÁRBOL DE VIOLETA (SÍMBOLO DE NUESTRA CIUDAD). LOS ESTUDIANTES RECIBIERON ORIENTACIÓN Y LITERATURA SOBRE LOS SÍMBOLOS DE LA CIUDAD, 14 DE NOVIEMBRE DEL 2019

LA LEGISLATURA MUNICIPAL Y LA ASOCIACIÓN DEPORTIVA Y CULTURAL DE COAMO INC. RECONOCIERON A DON LILE Y DOÑA TOÑITA POR SU GRAN TRAYECTORIA DE VIDA COMO PAREJA Y APORTACIÓN A LA COMUNIDAD, 13 DE FEBRERO DEL 2015

EL HON. LUIS R. TORRES, VICEPRESIDENTE, JUNTO A LOS HONORABLES TERESA SANTIAGO TORRES Y FRANCISCO CRUZ BURGOS EN ACTIVIDAD A LOS BORINQUENEERS (SOLDADOS VETERANOS DE COAMO) EN LA CALLE BOBBY CAPÓ.

LA HON. TERESA SANTIAGO TORRES EN ENTREGA DE RESOLUCIÓN DE
RECONOCIMIENTO DE LA LEGISLATURA MUNICIPAL, A CHRISTIAN
MIGUEL TAPIA ORTIZ, POR CONVERTIRSE EN EL SUPERPLUMA
CONTINENTAL DE LAS AMÉRICAS DEL CONSEJO MUNDIAL
DE BOXEO. EL 12 DE MARZO DE 2022.

LA HONORABLE TERESA SANTIAGO TORRES, PORTAVOZ DE LA
MAYORIA, PRESIDIENDO LA SESIÓN DEL MES DE JULIO DEL 2017,
EN AUSENCIA DE LA PRESIDENTA Y DEL VICEPRESIDENTE

EL EXLEGISLADOR HERENIO CORREA RODRÍGUEZ DANDO UN
TALLER EN EL 2015 COMO PARTE DE LA RESOLUCION INTERNA
"CONOCE A TU LEGISLATURA". LA MEDIDA ESTA ENFOCADA PARA
QUE LOS ESTUDIANTES DE LAS ESCUELAS DE COAMO APRENDAN
SOBRE EL FUNCIONAMIENTO DE LA ENTIDAD.

LA HON. DAMARIS L. FIGUEROA SANTIAGO ATENDIENDO LAS
NECESIDADES DE NUESTRAS FAMILIAS CON EL PROYECTO CANASTA
BÁSICA DE ALIMENTOS Y MASCARILLAS CASA POR CASA.
30 DE ABRIL DEL 2020

LA PRESIDENTA DE LA LEGISLATURA MUNICIPAL
DAMARIS L. FIGUEROA SANTIAGO Y HON. GILBERTO L. RODRÍGUEZ
PADILLA JUNTO AL ALCALDE HON. JUAN CARLOS GARCIA PADIALLA
EN EL HOMENAJE A SAMMY MARRERO, COAMEÑO DE PURA SEPA.
3 DE MARZO DEL 2023.

HON. LUIS R. TORRES BORGES, VICEPRESIDENTE, HON. FRANCISCO
CRUZ BURGOS, HON. EDWIN J. ECHEVARRÍA ORTIZ, HON. GILBERTO
L. RODRÍGUEZ PADILLA Y EL HON. CARLOS A. REYES RIVERA
LEGISLADORES MUNICIPALES EN LA PRESENTACIÓN DEL LIBRO DE
COAMO, HISTORIA DE SUS BARRIOS, JUNTO A LA PERIODISTA
COAMEÑA, REINA NICOLE MATEO ALVARADO. 1 DE MARZO DEL 2023

HON. CARLOS A. REYES RIVERA CON EL CAMPEÓN MUNDIAL U 13,
TENIMESISTA STEVEN J. MORENO RIVERA EN ACTIVIDAD DE
RECAUDACIÓN DE FONDOS PARA SUS PRÓXIMAS
PARTICIPACIONES. 20 DE ENERO DEL 2023.

LEGISLADORES MUNICIPALES LUEGO DEL TALLER UN GRANITO DE ARENA EN ESTA NAVIDAD. TALLER PARA DETECTAR PERSONAS QUE ESTÉN PASANDO POR DEPRESIÓN Y EL PROCESO DE CÓMO AYUDARLAS. 17 DE DICIEMBRE DEL 2022.

MIEMBROS DE LA LEGISLATURA MUNICIPAL RECONOCIENDO LA TRAYECTORIA MAGISTERIAL DE LA PROFESORA RITA EDITH RIVERA APONTE POR SUS 50 AÑOS ININTERRUMPIDO COMO EDUCADORA. 15 DE AGOSTO DEL 2022

EL VICEPRESIDENTE DE LA LEGISLATURA MUNICIPAL,
HON. LUIS R. TORRES BORGES, HON. TERESA SANTIAGO TORRES
Y SRA. MIRIAM I. ROJAS SÁNCHEZ EN LA APERTURA DEL
1ER FESTIVAL SOCIAL-CULTURA Y DEPORTIVO JÁCANA.
12 AGOSTO 2022

HON. GILBERTO L. RODRÍGUEZ PADILLA JUNTO CON AL
HON. JUAN CARLOS GARCÍA PADILLA Y LA DIRECTORA DE
TRANSPORTACIÓN Y OBRAS PÚBLICAS, ING. LINETE MARTÍNEZ Y
DIRECTORA REGIONAL PONCE, ING. CELIA TAMARIZ EN UN
RECORRIDO POR LAS CARRETERAS DE COAMO,
5 DE NOVIEMBRE DE 2021.

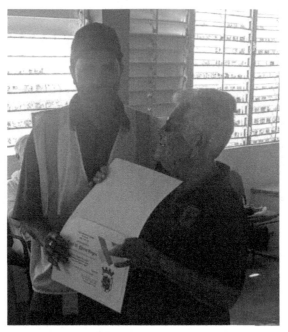

LA HON. CARMEN L. COLÓN PADILLA RECONOCIENDO LA LABOR ENCOMIABLE AL SERVICIO DE LA COMUNIDAD DEL BARRIO HAYALES. 16 DE NOVIEMBRE DEL 2022.

HON. DAMARIS L. FIGUEROA SANTIAGO PRESIDIENDO LA ASAMBLEA GENERAL DE LA ASOCIACION DE LEGISLADORES MUNICIPALES JUNTO AL ASESOR LEGAL, LCDO. ANGEL NOEL RIVERA, 9 DE OCTUBRE DE 2021.

ASAMBLEÍSTAS MÁS RECONOCIDOS EN NUESTRO PUEBLO

En esta sección buscamos presentar un listado de coameños ilustres o destacados que fueron parte de la Asamblea Municipal. Sin duda, desde sus inicios pertenecer al cuerpo municipal era una posición de prestigio y por consecuencia los miembros que pertenecieron a los Consejos Municipales eran personas sumamente reconocidas en su época.

Como se ha dicho, ofreceremos un listado de asambleístas que formaron parte de la Administración Municipal, que trascendieron en nuestro pueblo, durante su época, y que aún hoy en día sus nombres son recordados por la historia. Se debe añadir que algunos de los Legisladores o Asambleístas mencionados aquí, son parte de alguna gesta histórica relacionada con el mencionado cuerpo municipal. También no debemos olvidar, que cada miembro que formó parte de la Asamblea Municipal a lo largo de los últimos cien años, son parte de la historia de nuestro pueblo. Sin duda alguna mencionar a todos los asambleístas y legisladores y su participación comunitaria, es digno de otro trabajo aparte. Se debe indicar que este listado se limita al siglo XX en adelante:

1. Ramón Aguilú: fue miembro del Consejo Municipal en la primera década del siglo XX. A partir del año 1915 hasta el año 1920 fue alcalde de nuestro pueblo y maestro en el sistema escolar público.

2. Manuel J. Rivera: fue un abogado reconocido en el pueblo y fue asambleísta por varias semanas en 1915. También fue alcalde de nuestro municipio del 1941-1944. En la actualidad hay un residencial público con su nombre.

3. Francisco Anselmi: fue miembro de la Asamblea Municipal a mediados de la década del 1920, luego fue presidente del Partido Popular Democrático en el pueblo de Coamo durante la década del 1940 y 1950. Además, fue senador en la Legislatura Insular en la misma época.

4. Emilia Labastide de Aguilú: primera mujer en ocupar una plaza en la Asamblea Municipal en 1933.

5. Manuel B. Aguilú: estuvo en la Asamblea Municipal entre los años 1927 y 1928; fue alcalde interino de nuestro pueblo.

6. Antonio Padilla: fue presidente de la Asamblea Municipal entre el 1941 y 1944, luego tomó el cargo de alcalde de Coamo en el propio año 1944. Más tarde fue representante en la Cámara de Representantes de Puerto Rico. Se debe añadir que también fue apoderado de los Cariduros de Coamo "Maratonistas" en la pelota aficionada "Béisbol Doble A". Sin olvidar que el Edificio Gubernamental de nuestro pueblo lleva su nombre.

7. José Felipe Zayas Bermúdez: fue vicepresidente de la Asamblea Municipal entre el 1941 y 1944, en ese último año, ocupó la presidencia del mencionado cuerpo. En la actualidad la escuela superior "nueva" lleva su nombre.

8. Carlos Zayas Rivas: fue presidente de nuestra Asamblea en el periodo del 1949-1950. Luego a partir del 1953 al 1956 fue alcalde de nuestro pueblo. Antes fue maestro en una escuela rural del barrio Hayales.

9. Ramón José Dávila: fue presidente de la Asamblea Municipal entre el período del 1950 al 1956. En la actualidad la escuela superior "vieja" lleva su nombre.

10. Angelita González de Pizarro: fue la primera mujer en ocupar la vicepresidencia del cuerpo por elección de votos, fue elegida de forma unánime. 1950-1956.

11. José M. Espada Zayas: fue parte de la Asamblea Municipal a principios de la década del 1960. Se le conoce como líder cívico, en un pasado se desempeñó como presidente de la Junta Local de Maestro y de la Cooperativa Rodríguez Hidalgo. Además, hay una escuela elemental con su nombre en la actualidad

12. Juan Rivera Ortiz: se le conoce por ser el primer portavoz de la mayoría popular designado por la Asamblea en el año 1961. Esto último fue posible por la Ley 142 del 21 de julio del 1960. Además, fue alcalde electo de nuestro pueblo entre los años 1965-1973. Sin

olvidar que también fue senador en la Legislatura Estatal.

13. María Rivera de Cansobre: primera mujer en presidir una Comisión Permanente, específicamente, la de Sanidad, Instrucción y Beneficencia. 13 de enero del 1969.

14. Lic. Osvaldo Rivera: fue miembro de la Asamblea entre el 1967 y 1972, representando al Partido del Pueblo. Se le conoció como un líder cívico y deportivo en nuestro pueblo.

15. Ramón Rivera Bermúdez: formó parte del cuerpo municipal entre el 1977 y 1980, ocupó el cargo de vicepresidente. Se le reconoce como el primer historiador oficial del municipio de Coamo. Además, el museo local lleva su nombre.

16. Ramón Norat Zayas: entró a ser parte de la Asamblea Municipal por vacante. Desempeñó el cargo de alcalde de Coamo entre el 1981 y 1988.

17. Bautista Alvarado: La documentación indica que esta asambleísta estuvo 19 años no consecutivos en el cuerpo municipal (1961-1972 y 1981-1989).

18. Bernardo Vázquez Santos: fue uno de los asambleístas y legislador con más tiempo ocupando este puesto entre 1985-1988 y 2001-2016. Se le reconoció como un coameño adoptivo.

19. Edgardo Vázquez Soto: fue presidente por un tiempo definido en la Asamblea Municipal. (1992) En la actualidad es el Vicealcalde de nuestro pueblo.

20. Jesús M. Rivera Sánchez: fue presidente del cuerpo legislativo entre el 1997 y el 2000. También se desempeñó como Secretario de Educación entre el año 2010 y 2012.

21. José R. Torres Ramírez: fue miembro de la Legislatura Municipal entre el 2003-2008 y Representante en la Cámara por el Distrito 27 en la Legislatura Estatal entre el 2009-2016.

22. Lourdes L. Arce Jiménez: ha sido electa como legisladora municipal en cinco elecciones seguidas, entre los años 2000 y 2020. Hasta el momento, es la mujer con más años consecutivo perteneciendo al cuerpo legislativo (2001-2021) en la historia de Coamo. Uno de los miembros de este cuerpo con más tiempo en los pasados 100 años.

23. Francisco Cruz Burgos: ha sido electo como legislador municipal en cinco elecciones seguidas, entre los años 2000 y 2020 y en tres términos consecutivos ocupando el puesto de vicepresidente. Es uno de los miembros del cuerpo con más tiempo en los pasados 100 años. Actualmente esta retirado.

24. Carmen L. Colón Padilla: entró como vacante y desde ahí ha sido electa como legisladora municipal en las

últimas elecciones entre los años 2003 y 2020. Es uno de los miembros del cuerpo con más tiempo en los pasados 100 años. Ha luchado incansablemente por mantener abierto el cuartel de la Policía Estatal en el barrio Hayales y fiel luchadora de los derechos de los más necesitados en el área de la montaña. Desde el 1986 hasta el presente ha sido presidenta del Concejo Vecinal en su barrio y miembro activo, como vicepresidenta de dicho concejo, a nivel área del Negociado de la Policía de Puerto Rico. Actualmente es maestra retirada.

25. Damaris L. Figueroa Santiago: tiene la distinción de ser la primera mujer en ser electa presidenta del cuerpo municipal de nuestro pueblo en el 2009 y con la mayor cantidad de años consecutivo presidiendo la misma desde el 1900 al presente. Además, tiene el reconocimiento de ser vicepresidenta y presidenta de la Asociación de Legisladores Municipales de Puerto Rico y la primera coameña en pertenecer a la Junta de Directores de esa entidad. Actualmente, trabaja en la Administración de Compensaciones por Accidentes de Automóviles (ACAA) como Directora Asociada.

LA PRESIDENTA DE LA LEGISLATURA, MUNICIPAL DAMARIS L. FIGUEROA SANTIAGO COLOCA LA CORONA DE LAURELES AL GANADOR DE LA MEDIO MARATÓN SAN BLAS 2023, ALEXANDER TORRES. 5 DE MARZO DEL 2023

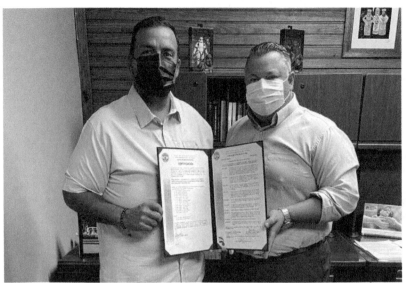

EL HON. CARLOS A. REYES RIVERA ENTREGANDO RESOLUCIÓN DE
RECONOCIMIENTO A LA COOPERATIVA DE AHORRO Y CRÉDITO
SAN BLAS DE ILLESCAS EN SU SEXAGÉSIMA NOVENA ASAMBLEA
ANUAL DE SOCIOS. 8 DE DICIEMBRE DEL 2021

LA HON. DAMARIS L. FIGUEROA SANTIAGO EN SU MENSAJE DE
EGRESADA Y EX PRESIDENTA DE LA CLASE PEGASUS 1986 EN LA
CELEBRACIÓN DEL CUADRAGÉSIMO ANIVERSARIO DE LA
OTORGACIÓN DEL NOMBRE DE LA ESCUELA SUPERIOR
JOSÉ FELIPE ZAYAS. 6 DE MAYO DEL 2022

LA HON. DAMARIS L. FIGUEROA SANTIAGO Y EL HON. CARLOS A
REYES RIVERA EN LA CONFERENCIA DE PRENSA DEL MEDIO
MARATÓN SAN BLAS 2022, EDICIÓN NÚMERO SESENTA.
4 DE MARZO DEL 2022

NUEVA JUNTA DE DIRECTORES DE LA ASOCIACION DE
LEGISLADORES MUNICIPALES. LA PRESIDENTA, DAMARIS L.
FIGUEROA SANTIAGO CONTINUA REPRESENTANDO A LA MUJER
COAMEÑA Y A TODOS LOS COAMEÑOS DESDE EL PUESTO DE
VOCAL. FOTO CORTESÍA DE LA ASOCIACION DE LEGISLADORES
MUNICIPALES. 9 DE OCTUBRE DEL 2021.

**LEGISLADORES MUNICIPALES EN SESIÓN INAUGURAL.
11 DE ENERO DEL 2021**

**HON. DAMARIS L. FIGUEROA SANTIAGO, EXPRESIDENTA DE LA
JUNTA DE DIRECTORES DE LA ASOCIACIÓN DE LEGISLADORES
MUNICIPALES ENTREGA EL MALLETE AL NUEVO PRESIDENTE,
HON. DOMINGO HERNÁNDEZ. OBSERVA CARLOS LÓPEZ ROMÁN Y
RAFAEL E. MARTÍNEZ SANTOS, PRESIDENTES DE LA LEGISLATURAS
MUNICIPALES DE DORADO Y VEGA BAJA, RESPECTIVAMENTE.
9 DE OCTUBRE DE 2021**

REFERENCIAS

Fuentes Primarias

Archivo General de Indias

Santo Domingo, 869 y 876. *Correspondencia de Oficio.*

Santo Domingo, 170. *Correspondencia de vecinos seculares.*

Santo Domingo, 163. *Correspondencia de Gobernadores.*

Archivo Histórico Nacional

Ultramar, 309, 344, 5068, 5070 y 5110

Archivo General de Puerto Rico

Documentos Municipales, Caja 8, 14, 19, 31, 32, 38, 50 y 51.

Asamblea Municipal, Caja 48.

Correspondencia de los Gobernadores Españoles, Caja 442, 443 y 444.

Protocolo Notariales, Caja 2,591.

Obras Públicas, Santa Isabel, Caja 343.

Legislatura Municipal de Coamo

Asamblea Municipal, Ordenanzas, Resoluciones y Actas, Libro 20-41.

Asamblea Municipal, Actas, 1987-1998 (varios libros).

Asamblea Municipal, Ordenanzas, 1984-1997 (varios libros).

Asamblea Municipal, Resoluciones, 1987-1997 (varios libros).

Legislatura Municipal, Actas, 1998-2014 (varios libros).

Legislatura Municipal, Ordenanzas, 1998-2014 (varios libros).

Legislatura Municipal, Resoluciones, 1998-2014 (varios libros).
Registro de proyectos sometidos a la Legislatura Municipal, 2001-2013.

Prensa

El Mundo de Puerto Rico, 1937 y 1950.

La Gaceta de Puerto Rico, 1852 y 1892.

Fuentes Secundarias

Abbad y Lasierra, Iñigo. *Historia Geográfica, Civil y Económica de la Isla San Juan Bautista de Puerto Rico. Edición comentada por José Julián Acosta.* Puerto Rico, Imprenta Acosta, 1866.

Barceló Miller, María de Fátima. *La Lucha por el sufragio femenino en Puerto Rico, 1896-1935.* San Juan, Ediciones Huracán, 2006.

Caldera Ortiz, Luis. *Una Mirada a la Historia del Tabaco en Puerto Rico: Desde el periodo indígena hasta el siglo XVIII.* Lajas, Centro de Estudios e Investigaciones del Sur Oeste de Puerto Rico, Editorial Aquelarre, 2015.

_____. *Nueva teoría de fundación de Coamo.* Obra Inédita por publicar, 2015.

_____. *Historia de Coamo: Antigüedad de la villa Añeja. Desde el periodo Indígena hasta el 1700.* Trabajo Inédito en proceso.

_____,. *Nuevos Hallazgos sobre el origen de Coamo.* Lajas, Editorial Aquelarre, 2017.

_____. *El Proceso fundacional de los sitios que alguna vez pertenecieron al pueblo de Coamo.* Trabajo Inédito en proceso de publicación.

_____, *Coamo: Su Historia, 1577-1898.* Tomo I. Santa Isabel, El Jagüey, 2022.

_____, Coamo: Su Historia, 1577-1898. Tomo I. Santa Isabel, El Jagüey, 2022.

Caldera Ortiz, Luis y Municipio Autónomo de Coamo, *Coamo, Historia de sus barrios: Pueblo.* Lajas, editorial Aquelarre, 2022.

Caro, Aida. *Legislación Municipal Puertorriqueña del siglo XVIII.* San Juan, Instituto de Cultura Puertorriqueña, 1971.

_____. *El Cabildo o Régimen Municipal Puertorriqueño en el Siglo XVII: Orden y Funcionamiento.* Tomo I. San Juan, Instituto de Cultura Puertorriqueña, 1965.

Cruz Monclova, Lidio. *Historia de Puerto Rico, siglo XIX.* Tomo II, primera parte, 1868-1874. Rio Piedras, Editorial Universitaria, 1970.

De Córdova, Pedro Tomas. *Memorias geográfica, histórica y económica de la Isla de Puerto Rico.* Tomo II y V. San Juan, Editorial Coquí, 1968.

Domínguez Cristóbal, Carlos. *Antología Histórica de Ciales, 1868-1899.* 1995.

Enciclopedia Grandes mujeres de Puerto Rico. Tomo 2. San Juan, 1980.

Gelpi, Elsa. *Siglo en Blanco.* Rio Piedras, Editorial de la Universidad de Puerto Rico, 2007.

López Cantos, Ángel. *Los Puertorriqueños: mentalidad y actitudes siglo XVIII.* San Juan, Ediciones Puerto, 2001.

Rivera Bermúdez, Ramón. *Historia de Coamo: La Villa Añeja.* Tomo I. Coamo, Imprenta Acosta, 1980.

_____. *Historia de Coamo: La Villa Añeja.* Tomo 2. Coamo, Imprenta Acosta, 1992.

Tapia y Rivera, Alejandro. *Biblioteca Histórica de Puerto Rico.* San Juan, Instituto de Cultura Puertorriqueña, 1970. Torres, Bibiano. *Historia de Puerto Rico, 1765-1800.* San Juan, Instituto de Cultura Puertorriqueña, 1968.

Torres San Inocencio, Rafael. *Los Barrios de Puerto Rico: Historia y Toponimia.* Hereditas, Revista de Genealogía Puertorriqueña, vol. 8, número 1, año 2007.

LEGISLADORES MUNICIPALES JUNTO A LA DIRECTORA DE LA
OFICINA DE FINANZAS, SRA. MIRAISA DAVID EN LA EVALUACIÓN
DEL PRESUPUESTO OPERACIONAL 2022-2023.
14 DE JUNIO DE 2022

LEGISLADORES MUNICIPALES ORIENTANDO A LOS RESIDENTES DE
LA URBANIZACIÓN VILLA MADRID SOBRE EL VIRUS DEL ZIKA.
3 DE SEPTIEMBRE DEL 2016

LEGISLADORES MUNICIPALES EN EL MENSAJE DE PRESUPUESTO PARA EL AÑO FISCAL 2021-2022 DE PARTE DEL ALCALDE. 10 DE JUNIO DEL 2021

LEGISLATURA MUNICIPAL RECONOCIENDO A LAS ESCUELAS ELEMENTALES RUFINO HUERTAS Y BENIGNA CARATINI POR SER CAMPEONES A NIVEL NACIONAL DEL SOFTBALL. 1 DE FEBRERO DEL 2017

LA HON. CARMEN L. COLÓN PADILLA, FIEL LUCHADORA POR EL CUARTEL DEL BARRIO HAYALES, REUNIDA CON EL REP. ORLANDO APONTE Y EL COMISIONADO DE LA POLICÍA, ANTONIO LÓPEZ EN BUSCA DE REABRIR EL DESTACAMENTO DE POLICÍA ESTATAL CERRADO POR LA PASADA ADMINISTRACIÓN. 9 DE ABRIL DE 2021

LEGISLADORES MUNICIPALES JUNTO CON EL ALCALDE Y EL STAFF DEL MUNICIPIO EN EL RELEVO POR LA VIDA. 29 DE ABRIL DEL 2017

LA HON. TERESA SANTIAGO TORRES, FAMILIA NÚÑEZ DESDE
KISSIMMEE Y COMPAÑEROS LEGISLADORES MUNICIPALES EN LA
ENTREGA DE REGALOS DEL DÍA DE REYES A LOS RESIDENTES DEL
BARRIO CUYÓN. 6 DE ENERO DEL 2018

HON. LUIS R. TORRES BORGES, VICEPRESIDENTE, HON. TERESA
SANTIAGO TORRES Y HON. CARMEN L. COLÓN PADILLA
INTEGRANTES DEL COMITÉ INTERACCIÓN CIUDADANA DEL
NEGOCIADO DE LA POLICÍA DE PUERTO RICO.
19 DE SEPTIEMBRE DEL 2020

"COPA REPRESENTANTE, CLASE A" DE LA CÁMARA DE
REPRESENTANTES, LA HON. ESTRELLA MARTINEZ, HON. TERESA
SANTIAGO , HON. GILBERTO L. RODRÍGUEZ Y HON. EDWIN
ECHEVARRÍA POR SU COMPROMISO CON SUS COMUNIDADES.
10 DE ABRIL DEL 2022

LA HON. CARMEN L. COLÓN PADILLA, BRIGADA DEL MUNICIPIO,
MIEMBROS DE LA UNIFORMADA Y RESIDENTES DE LA COMUNIDAD
DEL BARRIO HAYALES Y SECTORES DE LA MONTAÑA SE UNIERON
PARA LIMPIAR E IR ACONDICIONADO EL ESPACIO DONDE SE
PROPONE RESTABLECER EL DESTACAMENTO DE LA POLICÍA.
2 DE JULIO DEL 2021

CUADRO DE LUIS MUNOZ MARÍN ASIGNADO Y UBICADO
EN SALÓN DE LA LEGISLATURA MUNICIPAL. ESTE CUADRO FUE
PINTADO POR TULIO OJEDA EN EL 1968. ESTE PINTOR SUS
OBRAS SE CARACTERISABAN POR SER RETRATISTA.

Made in the USA
Columbia, SC
09 June 2023

17772342R00065